Resilienz für Anfänger:

Das Geheimnis erfolgreicher Menschen. Wie Sie Krisen meistern und Widerstandskraft entwickeln

Paul Prante

Inhaltsverzeichnis

Resilienz für Anfänger

Das Geheimnis erfolgreicher Menschen. Wie Sie Krisen meistern und Widerstandskraft entwickeln

Resilienz – Was ist das?

Wer hat diese Wörter nicht schon gehört: Stress, Burnout, CFS? Wer aber hat dieses Wort schon gehört: Resilienz? Stress ist heutzutage in aller Munde. Es geht um Stress abbauen, Stress vermeiden oder Stress bewältigen. Wem das nicht gelingt, den trifft das Burnout. Wer aber vom Burnout noch nicht umgeworfen wurden, den trifft dann das CFS! Dabei scheint aber Burnout eine echte Mode zu werden. Wer noch kein Burnout hatte, der ist eben nicht mehr normal. Was aber verbirgt sich hinter all dem und was vor allem verbirgt sich hinter Resilienz?

Kurz gesagt, Resilienz ist die Widerstandsfähigkeit gegen Stress. Das kann man aber besser verstehen, wenn man von vorn beginnt. Am Anfang ist der Stress. Stress ist ein Zustand von Überforderung. Dabei wird Stress nicht von allen gleich empfunden. Der eine sieht eine Situation noch gar nicht als außergewöhnlich an. Jemand anderes sieht sie als eine Herausforderung und wächst daran. Wieder ein anderer sieht sie als Stress und verzweifelt daran. Was macht diesen Unterschied aus?

Eine schnelle Antwort auf diese Frage kann jetzt lauten: die Widerstandskraft. Diese Antwort aber ist als solche falsch. Es ist keine Widerstandskraft, die eine Person den Stress nicht als Stress empfinden lässt. Die Widerstandskraft tritt dann ein, wenn ein Stress bewältigt wird. Daher ist die Frage eine andere. Was macht den Unterschied in einer Situation zwischen Stress, Herausforderung und einfach nur einer ganz normalen Situation?

Eine normale Situation liegt dann vor, wenn die Situation nicht als irgendwie besonders empfunden wird. Sie stellt keine Herausforderung und keine Belastung dar. Ein kleines Beispiel hilft hier. Man nehme eine normale Buchhalterin. Dieser gibt der Chef nun die Aufgabe, ein bestimmtes Gesetz und dessen Auswirkungen auf die Buchhaltung der Firma zu recherchieren. Besagte Buchhalterin hat keinerlei juristische Ausbildung. Die Folge ist, dass sie diese Situation als belastend empfindet. Nun stellt man sich anstatt der Buchhalterin einen Anwalt vor. Für ihn ist diese Situation normal. Er wird ohne Probleme alle entsprechenden Antworten finden. Die Buchhalterin empfindet Stress, der Anwalt empfindet nichts dabei. So geht es aber mit vielen anderen Situationen und vielen anderen Menschen.

Eine Herausforderung ist keine normale Situation mehr. Eine Herausforderung liegt dann vor, wenn eine Situation so von dem normal Erlebten abweicht, dass man eine Lösung dafür braucht. Eine Herausforderung ist also eine Situation, die man entweder lösen muss oder lösen möchte. Eine Herausforderung aber liegt im Bereich der Erfahrung oder der Fähigkeiten desjenigen, der diese Situation erlebt. Er kann vielleicht die Lösung nicht sofort liefern, er kann aber seine Erfahrungen oder Fähigkeiten nutzen, um die Lösung zu finden. Eine solche Situation bewegt sich also außerhalb des Normalen aber noch innerhalb des Machbaren. Auch wenn der Aufwand höher ist, so ist doch eine Lösung im Bereich des Möglichen und wird auch am Ende erreicht.

Stress dagegen ist eine Situation, die sich außerhalb des Normalen und außerhalb des Machbaren bewegt. Der Betroffene fühlt sich überfordert, denn er hat nicht die nötige Erfahrung oder Fähigkeiten, mit dieser Situation fertig zu werden. Dies gleicht der Situation der Buchhalterin, von der eine Rechtsrecherche erwartet wird. Ohne juristische Ausbildung hat sie einfach nicht das nötige Wissen über Gesetze, nicht die Fähigkeit, sie zu verstehen, und keine Erfahrung mit der entsprechenden Recherche, Interpretation und Anwendung. Kurz, sie ist damit völlig überfordert.

Wäre die Buchhalterin aber auch damit überfordert, wenn der Chef sie nicht damit beauftragt hätte? Ja, sie wäre es. Würde sie es als Stress empfinden? Nein, denn sie würde es nicht tun müssen. Das ist die zweite Zutat für den Stress. Die Situation ist nur deswegen Stress, weil sie etwas tun *muss,* was sie *nicht kann.* Es reicht also nicht aus, dass eine Situation einen überfordert. Gleichzeitig darf es auch keinen Ausweg daraus geben. Dann entsteht Stress.

Burnout wiederum ist die Folge von permanenten Stress. Wer sich einer Situation oder einer Folge von Situationen gegenübersieht, die ihn permanent überfordern und vor denen er nicht fliehen kann, der hat unentwegt Stress. Stress über eine lange Zeit frisst den Menschen regelrecht auf. Das beginnt in kleinen und am Anfang unmerklichen Schritten.

Ein jeder hat seine eigenen Vorstellungen von einem guten Leben. Darauf bauen sich Entspannungen, Freude, Freunde und alle Aktivitäten des Lebens auf. Wenn man sich permanentem Stress gegenübersieht, reagieren die allermeisten grundsätzlich und absolut falsch. Anstatt den Stress zu bekämpfen, wollen sie ihn bewältigen, indem sie ihm nachgeben. Sie reagieren also auf den Stress nicht, indem sie dessen Ursachen angehen, sondern ihr Leben zurücknehmen.

Anstatt also auszugehen, ein gutes Buch zu genießen oder ähnlichen Freizeitaktivitäten nachzugehen, versuchen sie permanent eine Lösung für die überfordernde Situation zu finden. Der Stress tritt also in immer mehr Bereiche ihres Lebens. Die Entspannung wird immer weniger. Am Anfang wird dies vielleicht noch belohnt. Weil man eine Lösung für ein Problem findet, fühlt man sich besser. Nun wiederholt man den Vorgang. Man schränkt seine Entspannungszeit ein, um Lösungen für Probleme zu finden. Dabei fühlt man sich aber permanent überfordert. Ohne Entspannung kann man aber keine Kraft tanken. Ohne Kraft kann man keine Lösungen finden. Ohne Lösungen ist man gestresst. Dies geht soweit, bis der Betroffene keine Lösungen mehr sehen kann, keine Freunde mehr hat und sich nur noch einem riesigen Berg an Problemen gegenübersieht. Er brennt aus. Keine Kraft bleibt mehr, keine Lösung ist mehr in Sicht. Der Körper reagiert und dann ist es vorbei. Man kann nicht mehr zur Arbeit gehen und der Situation gegenübertreten. Man hat Burnout.

Wer jetzt nicht aufhört, tritt in ein neues Stadium. Die einen machen einfach schlapp. Sie kippen um und landen im Krankenhaus. Andere haben einen Herzinfarkt und sind ebenfalls ein Krankenhausfall. Wieder andere schleppen sich nur noch durchs Leben. Sie können nicht mehr abschalten. Einfachste Tätigkeiten sind zu viel für sie. Sie können nicht richtig schlafen. Sie sind einfach permanent müde und kraftlos. Daher auch der Name: CFS – Chronic-Fatigue-Syndrom, das Syndrom der chronischen Müdigkeit.

Resilienz dagegen ist die Widerstandskraft gegen Stress. Mit ihr kann man eine Situation, die als unausweichlich und überfordernd angesehen wird, überstehen. Dabei kommt Resilienz von vielen Faktoren. Sie kann vererbt, schon im Kindesalter entwickelt, als Erwachsener aufgrund von Erfahrungen oder durch erworbene Fähigkeiten ausgebildet worden sein.

Die Vererbung spielt bei Resilienz zwar eine Rolle, doch diese Rolle ist eher nachrangig. Weit wichtiger ist die Erziehung im Kindesalter. Wer aber kein Kind mehr ist, braucht jetzt nicht zu verzweifeln. Resilienz kann noch in jedem Lebensalter entwickelt werden. Dazu bedarf es nicht einmal viel.

Wichtig ist für das Verstehen von Stress und Resilienz, dass beides auf Wahrnehmung basiert. Wer ein Problem nicht überblickt, kann auch keine Lösung finden. Derjenige ist überfordert. Wer dagegen ein Problem mit gewissen Strategien angeht, besitzt Resilienz.

Hier muss man erneut einen Blick auf den Stress als solchen werfen. Bewohner der Länder der Dritten Welt oder auch unsere Vorfahren kannten kein Burnout. Das liegt an einer einzigen, sehr wichtigen Tatsache. Diese lässt sich am besten mit einem Vergleich erkennen und verstehen. Dazu nimmt man zwei grundsätzlich verschiedene Länder und am besten noch verschiedene Berufsgruppen. Man nehme zum Beispiel einen deutschen Manager und einen Bauern in einem Land der Dritten Welt, zum Beispiel Kambodscha. Der Manager verdient in Deutschland ein Gehalt, von dem er sich alles leisten kann. Dazu gehören ein großes Appartement, Auto, Freundin, Ausgehen, Computer, Smartphone und was alles zum modernen Leben dazugehört. Er ist jeden Tag rund um die Uhr erreichbar. Er muss auf Meetings anwesend sein, zu Geschäftsessen eilen und jede Menge Aufgaben in sehr kurzer Zeit bewältigen. Der kambodschanische Bauer dagegen ist so arm, dass er sich nur drei sehr kleine Mahlzeiten am Tag leisten kann. Dazu kommen vielleicht hin und wieder mal ein neues Kleidungsstück, natürlich gebraucht, und ein sehr billiges Handy. Er arbeitet auf dem Feld, dies aber langsam. Niemand ruft ihn an und er schläft friedlich jede Nacht. Wer von beiden hat jetzt den größeren Stress? Die Antwort ist einfach: der Manager.

Stress ist eine Wahrnehmung. Wer sein Leben als normal betrachtet, hat keinen Stress. Der kambodschanische Bauer ist von anderen Bauern in genau der gleichen Situation umgeben. Sein Leben folgt dem gleichen Rhythmus jeden Tag, jeden Monat und jedes Jahr. Er kennt seine Verrichtungen und denkt nicht über Was-wäre-wenn nach.

Der Manager hat eine Unzahl von Aufgaben. Diese werden aber noch vermehrt, indem auch Vorkehrungen gegen mögliche Fälle getroffen werden. Permanent werden neue Probleme an ihn herangetragen. Er kann sich nicht auf eine Tätigkeit konzentrieren. Er kann keinem Plan folgen, denn so gut er auch plant, das Leben wird einen Strich durch diese Rechnung machen. Daher gibt es immer einen Plan A, B und C. Diese werden beständig aktualisiert und angepasst. Er rast durchs Leben und hat keine Zeit für irgendetwas. Das ist Stress. Allein diese Wahrnehmung, dass die Probleme nie aufhören ist an sich ein unüberwindbares Hindernis, dem man nicht aus dem Weg gehen kann. Manager brennen häufig aus, weil sie sich auch nie Ruhe gönnen können.

Wie sieht aber das Leben aller aus? Wer heute in Deutschland einen Job hat, unterscheidet er sich wirklich so sehr von einem Manager? Immer weniger Personal muss eine immer größere werdende

Menge an Aufgaben bewältigen. Diese Aufgaben werden nicht nur mehr, sie unterscheiden sich in ihrer Qualität. Im Prinzip übernehmen viele in ihrem Beruf Aufgaben, die eigentlich anderen Positionen vorbehalten sind. Die Buchhalterin muss die Zulieferer managen, die Sekretärin über den Zeitplan ihres Chefs entscheiden und immer so weiter. Wer früher nur Anweisungen ausgeführt hat, muss nun immer stärker selbst zum Problemlöser werden. Damit hört das Ganze aber noch nicht auf.

Der kambodschanische Bauer geht jeden Tag aufs Feld mit seinem Ochsen und seinem Pflug. Das tat sein Vater schon vor ihm und werden seine Kinder nach ihm tun. Schauen wir aber mal die deutsche Buchhalterin an. Hat sich ihre Arbeit verändert? Ja. Vom Papier zum Computer, vom Telefon zum Internet, die heutige Arbeitswelt verändert sich und jeder muss sich ihr anpassen. Wer den Anschluss verpasst, fliegt raus. Man hat einen ständig größer werdenden Berg an Aufgaben, deren Lösungen immer komplexer werden und einen beständigen Druck, sich weiterzubilden. Ist es da ein Wunder, dass sich viele überfordert fühlen, dass sie meinen, damit nicht mehr Schritt halten zu können? Was aber ist der erste Rat, den man jemanden erteilt, der sich überfordert fühlt? Man sagt „Beruhig dich und schau dir alles genau an!“ Hat man aber dazu heutzutage noch die Zeit?

Stress ist eine Wahrnehmung. Man fühlt sich überfordert und kann der Überforderung nicht ausweichen. Man fühlt sich nicht als Herr in seinem Leben, der Aufgabe nicht gewachsen und dem Leben mit seinen Widrigkeiten ausgesetzt. Resilienz ist die Antwort darauf. Man verhindert dieses *Gefühl* der Überforderung oder man geht es an. Dazu gibt es sieben kleine Hilfsmittel. Sie sind klein, weil sie so einfach und trivial erscheinen. Sie geraten jedoch in Vergessenheit und sind dabei so überaus wichtig für jeden Einzelnen.

Das Erste ist eine Portion gesunder Optimismus. Optimismus lässt einen ein Problem angehen und daran glauben, dass man es lösen kann. Das allein schon vermeidet Stress. Wer an die Lösung glaubt, fühlt sich herausgefordert, nicht überfordert. Dann kann man einen Plan erstellen und sich Stück für Stück an die Lösung heranarbeiten.

Das Zweite ist die Akzeptanz der Schwierigkeiten. Wer das Problem akzeptiert, hat Zeit, an seiner Lösung zu arbeiten. Wer aber im Stillen dagegen anmeckert, der fühlt sich ausgeliefert. Die meisten als so schlimm empfundenen Situationen sind es in Wahrheit gar nicht. Wer sich zurücklehnt und die Situation akzeptiert und dann analysiert, der wird schon bald feststellen, dass die Lösung sehr simpel ist.

Das Dritte ist der Erhalt der Handlungsfähigkeit. Ist man der Situation wirklich nur ausgeliefert? Sehr oft wird ein wenig Nachdenken schnell eine Richtung weisen. Damit bleibt man handlungsfähig, denn man kann einen Schritt tun. Danach folgen mehr Schritte und immer mehr. Am Ende erreicht man die Lösung. Wer sich jedoch überfordert fühlt und von der Situation erschlagen lässt, ist nicht handlungsfähig und unternimmt nichts. Wer nichts unternimmt, hat schon verloren.

Das Vierte ist die eigene Verantwortungsbereitschaft. Nicht immer sind nur die anderen an einem Problem schuld. Man sollte herausfinden, inwiefern man selbst die Situation geschaffen oder an ihrer Entstehung mitgewirkt hat. Erkennt man die eigene Verantwortung, dann ist man bereit, in der Zukunft anders zu agieren und zu reagieren.

Nummer fünf auf der Liste ist die Lösungsorientierung. Es ist wichtig, seine Gedanken auf die Lösung des Problems zu lenken. Sie sollten sich nicht darum drehen, warum es gerade einen selbst erwischt hat. Das bringt nichts. Wichtiger ist, das Problem zu erfassen und davon ausgehend sich an die Lösung heranzutasten.

Die Nummer sechs bildet die Pflege des Netzwerkes. Es ist immer gut, jemanden zu kennen, der helfen kann. Während man sich nicht immer und überall auf andere verlassen kann, gibt es doch immer Menschen um einen herum, die helfen können und wollen. Diese Menschen mögen über Wissen, Fähigkeiten oder Erfahrungen verfügen, die die eigenen überschreiten oder sie liefern einfach nur einen Moment der Ruhe, wenn man das Problem mit ihnen bespricht. Wer allein ist, ist viel leichter überfordert als der, der auf ein ordentliches Netzwerk zurückgreifen kann.

Als Nummer sieben, Letztes aber nicht Geringstes, bedarf man auch einer gewissen Zukunftsplanung. Wer seine Zukunft geplant hat, hat ein Ziel und kann darauf hinarbeiten. Man mag vielleicht den Weg ändern oder die Planung anpassen, dennoch hat man eine Richtschnur. Sie bildet sozusagen die Rettungsleine, wenn man sich völlig im Dunkeln fühlt.

Das Wichtigste ist, zu erkennen, dass Stress kein absoluter Zustand ist. Stress ist eine Wahrnehmung. Eine Wahrnehmung kann man ändern. Dazu gibt es viele Möglichkeiten. Hat man jedoch tatsächlich eine Situation erreicht, die unlösbar ist, dann gibt es noch immer die Lösung, dieser Situation zu entfliehen. Das Entfliehen mag mitunter unangenehm sein und einen großen Schritt, wie das Verlassen des

Partners oder das Suchen eines neuen Jobs, darstellen, doch es ist immer eine weitere Möglichkeit.

Nun soll aber an dieser Stelle nicht der Rat gegeben sein, dem Partner davonzurennen oder den Job zu wechseln. Dies sind große Entscheidungen, die nicht Hals über Kopf getroffen werden sollten. Manchmal, nur manchmal, sind sie jedoch unumgänglich.

Es gibt aber auch ein paar sehr wichtige Ansichten sehr großer und bekannter Personen zum Thema Stress und Resilienzen, die nicht unberücksichtigt bleiben sollen. Die erste stammt vom Dalai Lama. Als das Oberhaupt des Buddhismus, der Religion der Ruhe schlechthin, hat er einmal gesagt: „Es gibt nur zwei Tage im Jahr, an denen man nichts tun kann: Der eine ist gestern und der andere morgen…“. Anstatt sich also auf die Probleme von morgen zu konzentrieren und schon auf Vorrat zu verzweifeln oder sich über die Probleme von gestern zu ärgern, sollte man hier und jetzt genau die richtigen Schritte unternehmen, um Lösungen zu finden.

Henri Ford hat einmal erklärt: „Wenn alles gegen dich zu laufen scheint, erinnere dich daran, dass das Flugzeug gegen den Wind abhebt, nicht mit ihm.“ So wie der Gegenwind das Flugzeug aufsteigen lässt, so kann man den Stress in eine Herausforderung umwandeln und mit ihr aufsteigen.

Und für die ganz Verzweifelten gibt es hier einen kleinen Einblick in die chinesische Sprache. Die Chinesen benutzen für zwei Dinge das gleiche Wort, die für uns Europäer so unterschiedlich erscheinen. Nur ein Wort bezeichnet im Chinesischen die Krise und die Gelegenheit. Jede Krise ist nämlich genau das, eine Gelegenheit zu wachsen und sich zu verbessern. Wer keine Krisen hat, wird faul und langsam. Damit gibt es auch keine Gelegenheiten.

Stress ist die Wahrnehmung, das eine Situation nicht gelöst und ihr nicht entflohen werden kann. Diese Wahrnehmung entsteht oftmals unter Zeitdruck. Dieser entsteht ganz natürlich in der heutigen Zeit. Wenn es aber der Zeitdruck ist, dann ist es auch die Zeit selbst, die hilft. Man muss ihr nur die Möglichkeit dazu geben. Daher sollte man als Erstes und Wichtigstes sich selbst etwas Zeit geben, um das Problem zu erfassen. Wer ein Problem nicht komplett versteht, kann es auch nicht lösen. Dann kann man auch eine Lösung finden. Dabei helfen oft nur einige, sehr einfach Fragen.

Als Erstes sollte man sich fragen, was nun wirklich ganz genau den Stress verursacht. Hier ist es wichtig, nicht nur schnell eine allgemeine Antwort zu geben. Viel besser ist es, so detailliert wie möglich zu antworten.

Wann tritt es auf? Dieser Frage ist vor allem bei wiederkehrendem Stress wichtig. Auch hier geht es wieder um eine ganz detaillierte Antwort. Wichtig ist auch, den Grund von dem Symptom zu trennen. Wer zum Beispiel im Büro gestresst wird und dann zu Hause sein Kind anschreit, bei dem tritt der Stress im Büro auf. Dieser Stress ist der Grund für das Anschreien des Kindes, was wiederum nur ein Symptom des Stresses ist. Es kommt also nicht auf die vom Stress ausgelöste Handlung an. Es kommt darauf an, wann genau der Stress selbst entstanden ist.

Wo tritt der Stress auf? Auch hier geht es wieder um die klare

Trennung zwischen dem Grund und dem Symptom und eine detaillierte Antwort. Man sollte dabei auch wirklich in sich hineinhorchen, die Antwort kann mitunter sehr überraschend sein.

Was sind die Symptome für meinen Stress? Was also bringt der Stress zum Vorschein? Schreit man sein Kind oder seinen Partner an? Trinkt man? Ist man ständig nur noch müde und kraftlos? Dies zu wissen ist vor allem dann wichtig, wenn man eine schwerwiegende Entscheidung treffen muss. Bei schweren Auswirkungen, zum Beispiel, dass man durch den Job zum Trinker wird, gibt es kein langes Nachdenken. Man muss diesen Job ganz einfach wechseln.

Was brauche ich jetzt und was darf einfach nicht passieren? Die Antworten sollten auch hier sehr detailliert sein, denn sie weisen den Weg zur Lösung. Wenn ich weiß, was ich brauche, dann kann ich mit einer Handlung starten, um es zu bekommen. Wenn ich weiß, was ich absolut nicht gebrauchen kann, dann weiß ich, wie ich weiteren Problemen aus dem Weg gehen kann und die Situation so nicht schlimmer mache.

Kommt der Stress von außen oder von innen? Man glaubt nicht, wie oft man in Wahrheit selbst seinen Stress verursacht. Das ist immer dann der Falls, wenn man von sich mehr erwartet, als die Umgebung dies tut. Man sollte einfach sich selbst eingestehen, dass man einfach nur ein Mensch und daher auch fehlbar ist. Wer keine unrealistischen Erwartungen an sich selbst hat, überfordert sich auch nicht.

Im Kindesalter

Resilienz basiert auch auf Genetik. Wer sich aber mit dem Thema Genetik beschäftigt, weiß, dass zwar die Anlagen vererbt werden, deren Ausprägung aber durch das Umfeld bestimmt wird. Daher kann ein Kind, das genetisch zur Resilienz prädisponiert ist, diese dennoch nicht entwickeln, weil das Elternhaus dies nie zuließ. Genauso kann es umgekehrt der Fall sein, dass ein Kind ohne genetische Prädisponierung zur Resilienz diese ganz einfach von den Eltern erlernt. Genetik oder nicht, die Resilienz wird am meisten durch das Elternhaus bestimmt. Die Wissenschaft hat verschiedene Faktoren festgestellt, die im Kindesalter die Entwicklung von Resilienz erheblich unterstützen.

Alles beginnt mit einer Bezugsperson. Zu dieser muss das Kind eine enge, emotionale Verbindung aufbauen. Das können der Vater, die Mutter, die Großeltern oder jemand anders sein, der viel Zeit in Gesellschaft mit dem Kind verbringt. Die emotionale Bindung schafft nicht nur die nötige Enge der Beziehung, sondern auch das Vertrauen. Das Kind wird darauf vertrauen, dass diese Person ihm nicht schadet. Das Kind wird sich an diese Person wenden, wann immer der Bedarf nach Hilfe besteht.

Die Bezugsperson muss verlässlich sein. Als Erstes muss diese Person immer wieder im Leben des Kindes auftreten. Wer nur hin und wieder da ist, fehlt immer dann, wenn das Kind am meisten Hilfe braucht. Nicht nur erlaubt der permanente Umgang erst den Aufbau der engen Beziehung, es ist diese Verfügbarkeit, die diese Person als

Bezugsperson in das Interesse des Kindes rücken. Diese Person ist ganz banal gesagt immer da, wenn sie gebraucht wird.

Neben einer Bezugsperson braucht ein Kind vor allem auch positive Vorbilder. Die Bezugsperson kann ein solches Vorbild sein, aber das ist nicht unbedingt nötig. Die Bezugsperson ist zuständig für Wärme, Vertrauen, kleine Hinweise und Ratschläge. Sie muss das Kind emotional auffangen können und bestätigen. Die positiven Vorbilder dagegen können jede Person sein, die einen gewissen Erfolg, gewisse Erfahrungen oder gewisse Fähigkeiten aufweisen.

Man muss sich Kinder wie eine weiße Leinwand vorstellen. Sie wissen noch nichts, haben keine Erfahrung und verfügen über nur eine Fähigkeit, die Fähigkeit zu lernen. Diese Fähigkeit nutzen sie ganz direkt. Sie beobachten ihre Umgebung. Dies kann unmittelbar erfolgen. Sie sehen, wie andere Kinder spielen, wie sich Erwachsene unterhalten und was die Leute um sie herum so treiben. Sie versuchen, dies ganz einfach zu kopieren. Es kann aber auch mittelbar geschehen. Sie sehen etwas im Fernseher, Internet, hören eine Erzählung oder ganz einfach ein Märchen. Alle diese Informationen werden von einem Kind aufgenommen und umgesetzt. Dabei spielt die Bezugsperson eine Rolle, indem sie den richtigen Weg weist, die richtige Beobachtung herauspickt. Die Vorbilder jedoch liefern die Informationen. Hier ist es besonders wichtig, dass es sich um positive Vorbilder handelt. Kinder erlernen alles, auch das, was sie nicht lernen sollen. Sie haben noch keinen ausgeprägten Sinn für richtig und falsch. Das kann man auch ganz leicht an dem sogenannten kindischen Egoismus erkennen. Kinder sind ichbezogen. Auch den positiven Umgang miteinander und das Lösen von Problemen muss ihnen vorgemacht werden. Treffen sie aber auf schlechte Vorbilder, Leute die an Problemen verzweifeln, dann lernen auch sie nicht den Umgang damit. Sehen sie ihre positiven Vorbilder dagegen auch in Stresssituationen ruhig bleiben, dann folgen sie diesem Verhalten.

Kinder entwickeln sich mit ihrer Bezugsperson und ihren Vorbildern. Jeden Tag lernen sie etwas mehr. Dazu kommt bald das Eintrichtern von Wissen in der Schule. Bei dieser ganzen Entwicklung ist wichtig, das Kind richtig zu fordern. Unterfordert man es, wird es niemals sein Potential vollständig ausschöpfen. Erste Lernerfolge werden als schön empfunden, aber warum weitergehen? Hier sind die Eltern wichtig. Man muss das Kind immer weiter fordern. Dies kann durch das Übertragen von Aufgaben, die Erwartung von richtigem Verhalten und der Aufstieg in der Schule geschehen. Wichtig ist, einen Stillstand zu vermeiden, denn dann lehnt sich das Kind innerlich einfach zurück und entwickelt sich nicht weiter. Dies geht auch im Bereich der Resilienz. Wer dem Kind einen vernünftigen Umgang mit Problemen lehren will, muss nach dem Lehren auch das Verhalten einfordern. Auf der anderen Seite sollte man das Kind nicht überfordern. Stress kommt von einem Problem, das man nicht bewältigen kann aber bewältigen muss. Soll ein Kind schon Stress bekommen? Die Herausforderungen für das Kind sollten so gewählt sein, dass es den individuellen Fähigkeiten des Kindes entspricht. Es ist nicht richtig, es dabei mit anderen Kindern zu vergleichen. Nur weil das Nachbarskind im gleichen Alter etwas bereits tun kann, heißt nicht, dass das eigene Kind dazu in der Lage sein muss. Jedes Kind entwickelt sich anders. Die Herausforderung muss so niedrig sein, dass das Kind sie bewältigen kann und so hoch, dass es sich dazu anstrengen muss. Eine beständige

Überforderung dagegen bringt das Kind ebenfalls dazu, sich innerlich zurückzuziehen. Es wird sich selbst als Verlierer ansehen und dann einfach aufhören, es zu versuchen. Wozu auch, es hat doch so viele Male zuvor schon versagt. Daher nochmal, Überforderung und Unterforderung sind zu vermeiden. Dabei ist es besser, das Kind ein klein wenig zu unterfordern als zu überfordern. Wenn man sich also nicht sicher ist, kann man ruhig etwas niedriger ansetzen, wohl gemerkt, etwas.

Kinder brauchen Unterstützung. Wer sein Kind vor einer Herausforderung stellt, muss es auch bei der Bewältigung unterstützen. Dazu kann man dem Kind das eigene Wissen, die eigenen Fähigkeiten und die eigenen Erfahrungen zur Verfügung stellen. Wer das Kind nur auf ein Fahrrad setzt, wird nicht erleben, dass das Kind es fahren kann. Es ist wichtig, dem Kind das Fahrradfahren erst zu zeigen und dann beim Gleichgewichthalten zu unterstützten, was aber auch die Stützräder übernehmen können. Dieses Beispiel kann man auf alles andere übertragen. Was dem Kind zur Bewältigung der Herausforderung fehlt, müssen die Eltern ihm geben. Dabei sollte man aber nicht zu viel geben. Es geht nicht darum, dass die Eltern die Herausforderung für das Kind meistern, sondern das Kind nur in die Lage versetzen, es allein zu schaffen. Menschliche Unterstützung kann dabei so klein sein, wie eine Schulter, an der das Kind sich ausweinen kann und so groß, dass man dem Kind einen Teil der Herausforderung abnimmt. Man sollte jedoch nie die ganze Herausforderung übernehmen.

Eine Herausforderung ist auch die Verantwortung. Kinder müssen lernen, Verantwortung für sich und ihr Verhalten zu übernehmen. Dabei sollten auch die Freiheiten mit den Verantwortungen mitwachsen. Je mehr das Kind zum Beispiel daheim mithelfen muss, desto mehr Freiheiten müssen gewährt werden. So werden doch dem Kind gegenüber die immer mehr werdenden Aufgaben mit dessen zunehmendem Erwachsenwerden begründet. Wer aber Erwachsen wird, der hat auch mehr Freiheiten. Verantwortung heißt nämlich beides, die Verantwortung innerhalb der Familie, die Aufgaben also, und die Verantwortung für sein eigenes Leben, die Freiheiten nämlich. Auch hier muss diese Übertragung von persönlicher Verantwortung und Freiheit immer genau der individuellen Entwicklung des Kindes folgen.

Zusammengefasst kann man also sagen, dass es auf die richtige Bezugsperson, die richtigen Vorbilder, individuelle Herausforderungen, eine vernünftige Unterstützung und ein gesundes Verhältnis von Verantwortungen zu Freiheiten ankommt.

Zu diesen speziellen Punkten kommen auch allgemein wichtige Verhaltensweisen der Eltern. Diese müssen das Kind als Person wahrnehmen und respektieren. Ein Kind muss den Eltern auf Augenhöhe begegnen können. Jedes Kind hat durchaus berechtigte Forderungen und muss diese an die Eltern herantragen können, ohne dafür ein negatives Feedback zu erhalten. Gleichzeitig muss das Kind die Richtung gewiesen bekommen, wenn es etwas falsch macht, denn sonst fühlt es sich alleingelassen. Kinder brauchen Regeln, aber auch Respekt.

Auf der anderen Seite sollte man Kinder so nehmen, wie sie sind. Während man sie vor Herausforderungen stellt, ist es wichtig, das Kind nicht über Leistung zu definieren. Wenn das Kind nur Liebe bekommt, wenn es Erfolg hat, dann wird es als Erwachsener auf Herausforderungen nur mit Schwäche reagieren. Es wird nämlich Angst davor haben, den Respekt seiner Umwelt zu verlieren, wenn es nicht erfolgreich ist. Wer sein Kind dagegen erfolgsunabhängig liebt, lässt es dann gelassener mit Herausforderungen umgehen. Diese Gelassenheit wiederum ist die Resilienz, die wir alle doch so unbedingt brauchen.

Daher nehmen Sie Ihr Kind ernst, im Guten wie im Schlechten, mit Herausforderung und Strafe, und lieben Sie es mit Erfolg oder auch ohne Erfolg. So entwickelt es eine starke Persönlichkeit und geht am Ende erfolgreich durchs Leben.

Der Dialog

Der Dialog ist das Mittel der Kommunikation, welches für die Resilienz eine herausragende Bedeutung besitzt. Das fängt schon als Kind an. Hierfür sollte jedes Kind eine Bezugsperson haben, zu der eine emotionale, enge Beziehung besteht. Dann kann das Kind sich über seine Probleme austauschen, es kann Ratschläge bekommen oder sich einfach ein Problem von der Seele reden. Und als Erwachsener? Auch als Erwachsener braucht man den Dialog, genauso wie als Kind zuvor. Dabei gibt es im Wesentlichen drei Arten von Dialogen, zwischen denen man unterscheiden muss. Das Erste ist der Dialog zu einer Bezugsperson, das Zweite ist der Dialog zu einem selbst und das Dritte ist der Dialog zu den anderen.

Der Dialog mit einer Bezugsperson verliert mit dem Erwachsenwerden nicht an Bedeutung. Die Bezugsperson ändert sich, aber nicht deren Wichtigkeit. Waren als Kind die Bezugspersonen meistens die eigenen Eltern, sind als Erwachsener die Bezugspersonen sehr oft die Freunde. Wer genau es ist, spielt keine Rolle. Wichtig ist, dass man dieser Person vertrauen kann, denn man erzählt ihr seine persönlichsten Geheimnisse.

Der Dialog mit der Bezugsperson erhält ihre Bedeutung aus mehreren Gründen. Als Allererstes erlaubt es, Zeit zu gewinnen. Wer in eine schwierige, oder sogar unlösbare Situation, gerät, missachtet häufig den wichtigsten Rat. Dieser ist schon im Volksmund bekannt und besagt „Kommt Zeit, kommt Rat.“ Anstatt sich also Zeit zu nehmen, wird versucht, das Problem sofort anzugehen. An dieser Stelle schaltet der Betroffene ganz automatisch die Bezugsperson ein. Man will sich aussprechen, man will eine andere Meinung hören. Das kostet Zeit. Während dieser Zeit kann man sich beruhigen und dann sehr viel leichter eine Lösung finden.

Der zweite Grund ist, dass man das Problem erneut durchdenkt. Bei einer Bezugsperson hilft man sehr häufig sich selbst. Wenn man der Person möglichst komplett das Problem schildert, durchdenkt man es auch noch einmal ebenso komplett. Dabei fallen einem sehr oft bereits von ganz allein mögliche Lösungen ein. Dazu kommen oft noch Rückfragen und erste Ideen der Bezugsperson, die ebenfalls einen Lösungsansatz bringen können. Besonders eine sich daraus entwickelnde Diskussion kann so einiges bewirken.

Der dritte Grund ist die Bestätigung. Sehr oft fühlt man sich mit dem Problem alleingelassen. Man weiß nicht, ob andere in der gleichen Situation ebenso reagieren würde. Oftmals hat man Angst, dass man selbst etwas falsch macht. Sehr oft führt aber die Akzeptanz der Bezugsperson dazu, dass man diese Angst vergisst. Der Andere ist schließlich ein Freund oder eine Freundin. Sie mag einen selbst und man kann daher kein schlechter Mensch sein.

Der vierte Grund ist der Abstand. Man hat das wahrscheinlich oft genug erlebt. Jemand anderes wird vor eine Herausforderung gestellt und macht bricht dabei fast zusammen. Die andere Person beschwert sich und weiß nicht weiter. Man selbst aber, als nicht Betroffener, sieht die Lösung ganz einfach und wundert sich, warum der Betroffene sie nicht sieht. Das kommt oft dadurch, dass man selbst weiter entfernt von dem Problem ist. Man hat Abstand davon und daraus ergibt sich auch, dass man logisch, nicht emotional reagiert. Die eigene Bezugsperson befindet sich in der gleichen Lage. Sie ist nicht direkt betroffen. Sie hat Abstand. Es kommt zu keiner emotionalen Reaktion. Daher ist es sehr viel leichter, eine Lösung zu finden. Es geht dabei sehr viel weniger um die Qualifikation der Bezugsperson. Oftmals übersteigen ihre Fähigkeiten nicht die des Betroffenen. Es ist ganz einfach der Abstand, der die Bezugsperson einen klaren Kopf behalten lässt und die simple Allgemeinbildung und Lebenserfahrung, die dieser Person die Lösung vorgeben. Man selbst als Betroffener ist viel zu tief in den eigenen Emotionen verstrickt, um noch irgendwie richtig reagieren zu können.

Ebenso wichtig wie der Dialog zu einer Bezugsperson ist der Dialog mit sich selbst. Dabei geht es um etwas, was die meisten ganz gern vermeiden. Es geht um Ehrlichkeit sich selbst gegenüber. Sind wir vielleicht von einer Situation überfordert? Sind wir in einer Partnerschaft, die uns belastet? Ist der Job wirklich, was wir brauchen?

Alles beginnt mit der Analyse der Situation mit den Fragen, die wir schon im ersten Kapitel angesprochen haben. Dieser Dialog hilft uns, die Situation zu verstehen. Besonders die letzte Frage ist dabei von Bedeutung: „Bin ich es selbst, der diesen Stress verursacht?“

Diese Frage ist deswegen so schwer, weil es in der Natur der Menschen steckt, die Schuld auf andere zu schieben und auch überzureagieren. Ersteres zeigt sich bei vielen Menschen, die für ihr eigenes Versagen andere Personen, die Umstände oder die Unterstützung verantwortlich machen. Letzteres sieht man in dem Drang der

Leute, gegen jede Änderung auf der Arbeit anzuwettern. Woher aber kommt dies alles?

Von Kindheit an wird jedem beigebracht, sich anzustrengen. Oftmals wird man für ein schlechtes Testergebnis für schuldig erklärt. Dabei wird oft Faulheit angeführt. Aber mal ganz ehrlich, sind wir nicht alle mitunter ein wenig arbeitsscheu? Da beginnt oftmals das Problem. Man ist nicht immer gewillt, jede Arbeit auf sich zu nehmen. Dann hat man eben nicht genug geleistet und das fällt einem dann auf die eigenen Füße. Hier muss man ehrlich genug mit sich selbst sein. Dann kann man auch entsprechend reagieren. Handelt es sich dabei um eine Arbeitssituation, dann strengt man sich entweder mehr an oder man orientiert sich beruflich anders.

Kommt dies in einer Partnerschaft vor, dann sollte man sich Folgendes vor Augen halten: Wer seinen Partner liebt, tut ihm etwas Gutes! Liebt man also seinen Partner, dann ist es keine Belastung, für ihn ein paar Verrichtungen im Haushalt vorzunehmen, die anspruchsvolle Arbeit für den Unterhalt auszuüben oder einfach mal ein Geschenk nach Hause zu bringen. Will man aber das alles nicht, liebt man dann seinen Partner wirklich? Vielleicht muss man sich dann auch in der Partnerschaft neu orientieren.

Oftmals ist es aber auch die Selbstachtung, die einem dabei im Wege ist. Man achtet sich selbst nur dann, wenn man Erfolg hat. Muss man dagegen einen Misserfolg eingestehen, dann kann man sich selbst nicht mehr respektieren. Das ist aber zu viel verlangt von der menschlichen Natur. Nicht jeder kann alles können. Es ist wichtig zu akzeptieren, dass man Grenzen hat. Diese kann man einfach akzeptieren oder verschieben. Auch hier hilft ein einfaches Beispiel: Der Juraprofessor in der Universität kann bestimmt kein guter Maurer sein. Berührt ihn dies? Nein, er muss nicht der Beste in allem sein. Das gleiche gilt für jeden anderen. Wenn wir noch jung sind, dann stehen uns viele Wege offen. Je älter wir werden, jede Entscheidung die wir fällen, schränkt die Auswahl immer mehr ein, bis es am Ende nur noch einen oder ganz wenige Wege gibt. Ist das schlimm? Nein! Das ist ganz natürlich. Daher sollte man einfach akzeptieren, dass man seine Schwächen hat und entscheiden, wie wichtig die jeweilige Schwäche ist. Ist sie einem sehr wichtig, dann sollte man hier ansetzen und seine Grenze verschieben. Für den Juraprofessor zum Beispiel wäre eine solche wichtige Schwäche womöglich eine eingeschränkte Fähigkeit zu unterrichten. Hier müsste er etwas unternehmen und an sich arbeiten. Andere Schwächen, wie die, dass er kein Maurer sein kann, sind jedoch irrelevant. Solche Schwächen sollte man ganz einfach ignorieren.

Die zweite natürlichste Sache der Welt ist das Überreagieren. Dies ist so natürlich, dass es in jedem Managementkurs auftaucht und weltweit unterrichtet wird. Es handelt sich dabei um den Umstand, dass die Belegschaft in einem Unternehmen sich ganz unweigerlich gegen eine Neuerung wehrt. Wie sieht die Lösung des Managers aus? Teile ihnen die Neuerung mit und dann halte sie beschäftigt. So hat die Belegschaft keine Zeit, in einem inneren Dialog gegen die Neuerung zu argumentieren und dann schlussendlich ihrem Missfallen Aufmerksamkeit zu verschaffen, indem sie es laut äußern. Woher aber kommt diese Überreaktion?

Die Menschen haben sich an die Prozesse und Abläufe in ihrem Leben gewöhnt. Eine Änderung wird dabei manchmal als interessantes Ausbrechen, aber viel häufiger als Bedrohung empfunden. Was macht den Unterschied zwischen dem interessanten Ausbrechen und der Bedrohung? Die Entscheidung und der Entscheidungsträger. Kann ich die Entscheidung selbst fällen, dann ist es interessant. Wird die Entscheidung von jemand anderem getroffen, dann entscheidet dieser über mein Leben. Gleichzeitig wird dieser urteilen, wie ich mich mache. Ich bin also ausgeliefert.

Eine solche Situation trifft meistens am Arbeitsplatz auf. Jeder weiß, dass man von dem Gehalt abhängt, um sein Leben damit zu finanzieren. Jeder weiß, dass es nicht unbedingt einfach ist, einen anderen Job zu finden. Jeder hat seine Arbeit und seine Aufgaben. Diese wurden am Beginn des Arbeitsverhältnisses gelernt und diese kann man erledigen. Alles hat sich eingespielt. Man kennt sie, man fühlt sich sicher. Jetzt aber ändert sich alles. Man weiß nicht, wie man die neuen Aufgaben bewältigen soll und ob man es kann. Man hat Angst, dass man ihnen nicht gewachsen ist und vielleicht am Ende seinen Job verliert. Man wettert erst innerlich und dann im Kreis der Kollegen gegen die Neuerung an. Anstatt also eine Lösung für das Problem zu suchen, hadert man nur damit. Dies wird ständig mit den Kollegen wiederholt. Schon hat man Stress und findet keine Möglichkeit, diesem zu entkommen. Man kann nicht mehr zu den alten Arbeitsgewohnheiten zurückkehren und muss den Neurungen folgen, wenn man seinen Job behalten will.

Diesen Stress aber schafft man nur sich selbst. Ist man ehrlich mit sich selbst, dann kann man auch das echte Problem finden. Hat man Angst, zu versagen, dann recherchiert man einfach per Internet oder per Kollegen oder Freunden, wie andere mit diesem Problem fertig geworden sind. Man muss dabei nicht unbedingt den Lösungen der Anderen folgen, sollten sie einem nicht zusagen. Man kann aus ihren Lösungen jedoch eigene Ideen ziehen.

Ist es die Neuerung im Büro, dann ist die Lösung noch viel einfacher. Man sollte einfach nicht gegen sie ankämpfen. Ist die Neuerung nicht erfolgreich, dann ist es nicht die Schuld von einem selbst, sondern die Schuld desjenigen, der sich diese Neuerung ausgedacht hat. Der Vorgesetzte, der etwas Neues versucht, sitzt nämlich immer als Erster im Schleudersitz.

Nachdem man sich mit seiner Bezugsperson ausgetauscht hat und über sich selbst im Klaren ist, wird es Zeit für Dialog Nummer drei. Dieser Dialog zielt auf die anderen Personen, die Kollegen, die Freunde, die Klassenkameraden. Dabei kann man ganz einfach nach den folgenden Kriterien vorgehen: Wie nahe man der Person steht, ob diese Person die Situation teilt, ob diese Person eine ähnliche Situation erlebt hat, ob diese Person über ein überlegenes Wissen oder eine überlegene Erfahrung verfügt.

Als Erstes sollte man danach gehen, wie nahe man einer Person steht. Je näher man ihr steht, desto eher fasst man den Mut, sich an diese Person zu wenden. Gleichzeitig ist die Chance auf eine ehrliche Antwort und einen ehrlichen Versuch, zu helfen, am größten. Man sollte auch gerade im Beruf nicht vergessen, dass nicht jeder immer ehrlich ist. Daher ist Nähe das wichtigste Kriterium.

Am besten ist es, wenn diese Person die Situation teilt. Damit verfügt sie über das gleiche Wissen und kann mit einem zusammen nach Lösungen suchen. Da beide betroffen sind, ist die Chance auf ehrliche Hilfe am größten. Man entwickelt dabei eine Quid-pro-quo-Beziehung. Der eine hilft, damit er im Gegenzug Hilfe vom anderen erhält. Das sorgt für die richtige Motivation.

Sollte man keiner Person in der gleichen Situation nahestehen, dann ist auch jemand gut geeignet, der selbst zuvor in einer vergleichbaren Situation steckte. Damit profitiert man von dessen Erfahrung, die am meisten auf das eigene Problem zutrifft. Man erfährt auch den Grad des Erfolges, den der andere erreicht hat. Somit kann man abschätzen, inwieweit man der Erfahrung des anderen direkt folgt oder sie nur als Grundlage einer eigenen Lösungsvariante nimmt.

Ist auch niemand greifbar, dem man vertraut und der eine ähnliche Situation bereits durchgemacht hat, dann sind noch immer Personen sehr hilfreich, die eine überlegene Erfahrung oder ein überlegenes Wissen hat. Die Erfahrung kann sich aus einem längeren Leben, einer längeren Tätigkeit in dem Problemfeld oder aus anderen Gründen ergeben. Das überlegene Wissen kann aus einer höheren Bildung oder aber aus einer längeren Arbeit ergeben.

Hat man diese Personenkreise mit diesen Kriterien im Geiste durchkämmt und kann keine Lösung finden, bleibt immer noch das Gespräch im Kollegen- oder Freundeskreis, wobei man hier mitunter etwas vorsichtig sein sollte.

Resilienz im Beruf

Resilienz im Beruf kommt aus einer Reihe von Faktoren. Man sollte nicht überreagieren, ein Problem analysieren, einen ordentlichen Dialog führen und auch mal Nein sagen.

Das Wichtigste zuerst: Resiliente Menschen kämpfen nicht, wo es sich nicht zu kämpfen lohnt. Wenn ein Chef eine neue Aufgabe hat, der Betriebsablauf geändert wird oder etwas anderes Stress bringt, dann ist es sinnlos, für sich oder unter seinen Kollegen damit zu hadern. Das verbraucht nur Zeit und lenkt von einer Lösung ab. Resiliente Menschen nehmen die Neuerung als eine Herausforderung an. Sie kümmern sich um eine Lösung, sie folgen den neuen Regeln und sie haben Erfolg. Die aber, die dagegen angehen, vertun ihre Zeit. Sie haben keine Lösung und am wichtigsten von allem: Sie haben Stress und sind unglücklich.

Das heißt nicht, dass man jeden Auftrag oder jede Änderung der Abläufe gutheißen sollen. Das heißt auch nicht, dass man das Gespräch mit den Kollegen vermeiden soll. Es geht um Lösungen. Ist der Auftrag an sich nicht machbar, dann kann man den Chef darauf ansprechen. Sind die neuen Abläufe wirklich nicht gut, kann man das ebenfalls dem Chef als Feedback geben. Führt man ein Gespräch mit den Kollegen, dann sollte es konstruktiv sein und sich um die Bewältigung der Arbeit drehen. Resiliente Menschen finden Lösungen und hadern nicht mit ihrem Schicksal.

Ein Problem als solches sollte man immer erst einmal analysieren. Die nötigen Fragen für diese Analyse befinden sich am Ende des ersten Kapitels. Diese Analyse schafft mehrere Voraussetzungen für eine Lösung. Als Erstes verschafft sie Zeit. Damit kann man ruhiger nachdenken und damit auch einfacher eine Lösung finden. Als Zweites verschafft sie Abstand. Man fühlt sich weniger betroffen und ohne eine emotionale Reaktion hat es die Logik leichter, eine Lösung zu finden. Als Drittes geht man das Problem noch einmal im Detail durch. Dabei findet man oft schon ganz allein den Ansatz für eine Lösung. Schlussendlich erkennt man die Situation als Ganzes. Nur wer das Ganze sieht, wer das Problem richtig versteht, kann auch eine Lösung finden. Alle anderen tappen nur im Dunkeln und haben Stress.

Nach der Analyse steht ein ordentlicher Dialog. Dies gilt aber mehr in der Wichtigkeit der Schritte denn der zeitlichen Reihenfolge. Im Grunde genommen sollte man ständig einen Dialog mit seinen Kollegen führen. Dabei gibt es einige Kriterien, auf die man achten sollte. Wer das tut, findet zwei wichtige Hilfen für weitere Lösungen in der Zukunft. Das eine sind vertrauenswürdige Personen und das andere sind Personen, die auch wirklich eine Lösung bieten können. Man sollte dabei eine Person finden, die beide Eigenschaften in sich vereint.

Resiliente Menschen zeichnen sich auch durch ein gutes Netzwerk aus. Damit verfügen sie über Freunde, auf die sie in bestimmten Situationen ganz einfach zurückgreifen können. Ein solches Netzwerk entsteht aber nicht so ohne weiteres. Es beginnt mit etwas sehr einfachem, dem Zuhören.

Um erfolgreich zu sein, um ein Netzwerk aufzubauen, fängt man am besten mit dem Zuhören an. Damit erfährt man, über was die Kollegen reden und was ihnen wichtig ist. So kann man ihren Themen und Vorlieben folgen. Das stößt jetzt bestimmt so einigen auf. Wer aber denkt, er kann Freunde finden, indem er anderen seine Themen aufzwingt, der endet ganz einfach allein.

Welche Themen werden im Kollegenkreis normalerweise erörtert? Dazu gehört als Erstes und Wichtigstes der Ärger mit Kollegen und Vorgesetzten. Wenn man dem zuhört, dann erkennt man sich oftmals selbst wieder. Ist es nicht nett, zu wissen, dass es anderen nicht anders geht? Nochmal, Stress ist die Wahrnehmung einer Situation. Wenn man aber weiß, dass man selbst einer Situation nicht allein so hilflos gegenübersteht, dann fühlt man sich bestätigt und zumindest etwas Stress kann von einem weichen.

Ein weiteres, wichtiges und gern erörtertes Thema kann man ganz allgemein unter Klatsch und Tratsch zusammenfassen. Hier hat man die Möglichkeit, sich auf relativ einfache Weise einzubringen.

Weiterhin geht es um die Unzulänglichkeiten am Arbeitsplatz. Die können die Technik oder die anderen Abteilungen betreffen. Dazu kommen Probleme mit Zulieferern oder Kunden. Auch dies ist ein relativ ungefährlicher Grund, auf dem man sich bewegen kann. Dazu kommen aktuelle Probleme, Frust und Small Talk.

Warum sollte man sich um solche Unterhaltungen kümmern? Erstens kann man so die Kollegen kennenlernen und zweitens kann man so Beziehungen knüpfen.

Das Kennenlernen der Kollegen ist in vielerlei Hinsicht wichtig. Opfer von Mobbing werden sehr oft sozial unangepasste Kollegen. Will man selbst nicht in diese Lage geraten, dann sollte man einfach zumindest ein wenig Anpassung betreiben. Auch wenn andere Leute darüber die Nase rümpfen, ist dabei nichts Schlimmes dran. Niemand will allein sein und für ein ordentliches Wir-Gefühl braucht man Gemeinsamkeiten.

Weiterhin kann man die Kollegen analysieren, wenn man sie kennenlernt und in verschiedene Gruppen unterteilen. Dabei sollte man die Kollegen in drei Kategorien unterteilen. In die erste Kategorie kommen die, die einem helfen können und auch potentiell dazu bereit sind. In die zweite kommen die, die einem weder helfen noch schaden und in die dritte Kategorie packt man alle die, die einem feindlich gesonnen sind.

Für diese Unterteilung schaut man einfach auf die Unterhaltungen, die die Kollegen führen, und wie sie auf die eigenen Beiträge zu diesen Unterhaltungen reagieren. Wichtig sind die, die mit Problemen konstruktiv umgehen und Lösungsvorschläge unterbreiten. Wer fragt bei eigenen Beiträgen nach und versucht, sich richtig in das Problem hineinzudenken? Wer erscheint desinteressiert und wer versucht, einen dumm aussehen zu lassen? Mit diesen Fragen wird es leicht, die Kollegen entsprechend einzuteilen.

Kollegen der dritten Kategorie meidet man am besten. Man geht nicht auf ihre Äußerungen ein und vermeidet Gesprächsgruppen, bei denen sie ein Mitglied sind.

Kollegen der zweiten Kategorie kann man ansprechen, sie in

Unterhaltungen einbinden oder ganz einfach auf ihre Beiträge reagieren. Während sie keine echte Wichtigkeit besitzen, sollte man sie auch nicht unfreundlicherweise ignorieren.

Kollegen der ersten Kategorie sind für einen selbst am wichtigsten. Hier sollte man hören, worüber sie sprechen und sich mit interessanten Beiträgen an den Unterhaltungen beteiligen. Es kommt nicht darauf an, die Unterhaltungen zu kontrollieren. Wie gesagt, man gewinnt keine Freunde, indem man ihnen Themen aufzwingt. Man folgt einfach dem natürlichen Fluss der Unterhaltung. Auf diese Weise baut man sich langsam ein Netzwerk aus Kollegen auf, die ein Interesse daran haben, einem zu helfen und auch Hilfe leisten können.

Hat man nun sein Netzwerk und kann man auch Probleme analysieren, dann wird es auch Zeit, einfach mal Nein zu sagen. Das Neinsagen ist für viele Leute sehr schwer. Man wird um etwas gebeten und man sagt Ja. Dabei kann man es gar nicht tun oder man hat ganz einfach nicht die Zeit dazu, es zu erledigen. Später dann ärgert man sich mit sich selbst und hat eben wieder eine Menge Stress. Nein sagen ist aber gar nicht so schwer, wie manche glauben.

Wenn es wieder vorkommt, dass der Chef eine neue Aufgabe hat und fragt, wer sie übernimmt, dann versucht man einfach etwas Neues. Anstatt einfach Hier oder Ja zu sagen, setzt man sich einfach auf seine Hände und schaut entspannt aus dem Fenster. Dabei gewinnt man Zeit, über die Aufgabe nachzudenken. Normalerweise wird die Stille so lang und damit auch unangenehm, bis jemand anderes die Aufgabe übernimmt. Damit hat man schon gewonnen. Sollte das aber nicht vorkommen, bleibt man bei seinem Schweigen. Auch wenn sich nun alle Augen auf einen richten, schaut man nur weiter ganz entspannt aus dem Fenster. Wer das nicht kann, der lächelt jetzt die Kollegen direkt an, sagt aber weiterhin nichts.

Nun kann es in einem Extremfall vorkommen, dass man ganz konkret mit seinem Namen angesprochen wird. Das liegt dann wahrscheinlich daran, dass man zuvor zu oft Ja gesagt hat und jeder dies ganz einfach von einem erwartet. Nun richtet man seinen Blick langsam auf seinen Sprecher. Alles was man antwortet ist Nein, gefolgt von einem einzigen Grund. Dieser kann darin liegen, dass man keine Zeit hat oder dass die Aufgabe nicht im eigenen Arbeitsbereich liegt. Man gibt jedenfalls nur diesen einen Grund und bleibt dabei, anstatt sich wieder breitschlagen zu lassen.

Pausen und Auszeiten

Jeder Mensch braucht auch mal eine Pause. Das haben resiliente Menschen verinnerlicht. Stress verbraucht Energie. Das geht jeden Tag, jede Woche und jeden Monat vor sich. Als Folge muss man diese Energie wieder aufladen. Dies geschieht am besten mit dem Gegenpol von Stress, also allem, was Entspannung und Vergnügen bringt.

Die Pausen und Auszeiten kann man dabei nach Länge unterscheiden. Je mehr Stress man ausgesetzt ist, desto länger müssen die Zeiträume ohne Stress sein. Während die resilienten Menschen dafür ihre Taktiken haben, erreichen die nichtresilienten Menschen nur das Gegenteil. Wenn die Arbeit zu viel wird, dann verzichten sie auf ihre Pausen. Wenn noch nicht alles zum Feierabend erledigt ist, dann bleibt man länger. Das ist jedoch grundfalsch.

Wenn man sich auf dieses Spiel einlässt, dass man sich selbst und seine Freizeit zugunsten der Arbeit einschränkt, dann geschieht Folgendes. Der Chef wird es entweder gar nicht bemerken oder er wird es als Schwäche des Arbeiters ansehen. Dieser ist entweder unfähig seine Arbeit richtig zu planen oder rechtzeitig zu Ende zu bringen. Anstatt also Respekt erntet man Missfallen. Dabei wird das Problem für den Chef aber gelöst. Daher wird nur noch mehr Arbeit verabreicht. Im schlimmsten Fall droht dann noch am Ende die Kündigung, weil der Chef die eigene Arbeitsleistung als schlecht ansieht. Dabei handelt der Chef aus seiner Sicht sogar gerechtfertigt. Schließlich hatte der Arbeitnehmer die Möglichkeit, ihn anzusprechen und auf Probleme hinzuweisen. Das ist auch etwas, was viele vergessen. Der Chef kann keine Abhilfe schaffen, wenn er ein Problem nicht kennt. Er kann auch nicht überall sein und alles wissen. Man muss ihn informieren und ihm eine Chance geben.

Wie kommt man also aus der Situation heraus, in welcher man sich selbst zugunsten der Arbeit zurückzieht? Man muss eine Grenze ziehen. Man hat eine vereinbarte Arbeitszeit und wird nur für diese bezahlt. Daher sollte man auch nur in dieser Zeit Arbeiten. Ist die Arbeit jedoch dafür zu viel, dann muss der Chef Abhilfe schaffen. Dies kann dadurch geschehen, dass eine neue Kraft eingestellt wird oder zumindest ein Teil der Arbeit jemand anderem übertragen wird. Die meisten sehen darin eine persönliche Niederlage, doch diese Wahrnehmung ist falsch. Es ist eine Tatsache, dass heutzutage immer mehr von den Werktätigen erwartet wird, während gleichzeitig die Personaldecke immer dünner wird. Daraus resultiert eben Stress. Versucht man nun, dennoch alle Aufgaben auch auf eigene Kosten zu erledigen, dann leistet man einer weiteren Fehlentwicklung nur Vorschub. Es ist wichtig, zu wissen, dass man auch als Arbeitnehmer Rechte hat. Dazu gehören auch die Pausen und ein machbares Arbeitspensum. Wenn dieses aber nicht mehr leistbar ist, dann muss die Chefetage etwas unternehmen und man selbst tut das einzig Richtige: Man meldet den Fehlstand. Damit hat man also seine eigene Pflicht erfüllt und keine Niederlage eingestanden.

Sind die Grenzen erst einmal erfolgreich gesteckt, dann beginnt die Arbeit innerhalb und außerhalb dieser Grenzen. Innerhalb dieser Grenzen bedeutet während der Arbeit, außerhalb bezieht sich auf die Freizeit.

Die Arbeitszeit kann man natürlich auch besser und weniger stressvoll gestalten. Dazu muss man sich nur ein wenig auskennen. Natürlich hat man keinen Einfluss auf die Rahmenbedingungen, aber innerhalb dieses Rahmens kann man ein wenig die Dinge zu den eigenen Gunsten verändern.

Als Erstes sollte man wissen, dass ständige Erreichbarkeit Stress verursacht. Zusätzlich bringt einen jeder Anruf, jedes Gespräch und jede Nachricht aus den Gedankengängen und es dauert Zeit, sich wieder in die Prozesse einzufinden. Daher geht man ein wenig taktisch vor.

Arbeitsschritte, die länger dauern und dabei eine ständige Konzentration verursachen, erledigt man am besten ungestört und in einem Ritt. Daher legt man sie auf die Zeit des Tages, in denen es am wenigsten zu störenden Anrufen oder Besuchen im Büro kommt. Dagegen können viele kleine und unkomplizierte Tätigkeiten in diesen doch eher gestörten Tagesbereich verlegt werden.

E-Mails und andere Nachrichten haben den Vorteil, dass man sie nicht sofort lesen muss. Dabei haben sie aber auch den Nachteil, dass ihre Bearbeitung oft länger dauert. Daher sollte man ihnen eine oder zwei bestimmte Zeiten des Arbeitstages geben, an denen man sich mit ihnen beschäftigt. Für die anderen Zeiten des Tages ignoriert man sie.

Pausenzeiten während der Arbeit sind nicht nur unbedingt notwendig, sondern auch einzuhalten. Dies gilt in zweierlei Hinsicht. Erstens sollte man sie immer in voller Länge auskosten und zweitens immer zu den richtigen Zeiten. Man sollte also die Pausenzeiten nicht verschieben. Damit kann sich der Körper und der Geist entsprechend einstellen. Selbst wenn man dann in der Mitte eines Projektes steckt, ist die richtige Pausenzeit besser als ein Verschieben der Pause. Dabei wird man schnell entdecken, dass unüberbare Probleme vor der Pause oft nach einer kurzen Unterbrechung und Regeneration viel leichter angegangen werden können.

Die Zeiten außerhalb der Arbeit, also die Freizeit, bedarf auch einiger Regeln. Die erste Regel ist, dass die Freizeit auch während der Pausen gilt. Was also man immer für sich als Leitsätze auswählt, es wird auch während der Arbeitspausen eingehalten.

Alle anderen Regeln für die Freizeit sollte man für sich selbst finden, denn man selbst weiß, was einen am meisten entspannt. Hier gibt es aber ein paar Anhaltspunkte, wie man dabei vorgehen kann.

Außerhalb der Arbeitszeit beschäftigt man sich nicht mit der Arbeit. E-Mail-Programme für die Arbeit werden nicht geöffnet. Das Handy wird entweder ausgeschaltet oder die Arbeitsnummern blockiert oder ignoriert. Übrigens haben bereits Gerichte über solche Fälle entschieden und die Rechte der Arbeiter gestärkt. Der Arbeitnehmer hat nicht das Recht, eine ständige Erreichbarkeit der Arbeitnehmer zu verlangen oder sie mit etwas in der Freizeit zu stören, das ebenso gut am nächsten Arbeitstag erledigt werden kann. Es ist ganz einfach wichtig, sich in seiner Freizeit auf sich selbst und seine Bedürfnisse zu konzentrieren.

Wer sich auf seine Bedürfnisse konzentrieren will, muss diese kennen. Fragen Sie sich einfach mal selbst: Was entspannt sie am meisten? Manche werden die Antwort darauf nicht so einfach finden.

Daher kommen hier ein paar kleine Vorschläge.

Viele Leute finden den Umgang mit anderen Leuten sehr entspannend, wobei sich Männer und Frauen grundsätzlich unterscheiden. Männer sprechen in ihrer Freizeit normalerweise nicht über ihren Stress. Auf diese Weise grenzen sie den Stress von der Erholung ab. Frauen dagegen lieben es, ihre Probleme mit ihren Freundinnen zu besprechen. Männer tun dies auch, aber nur dann, wenn sie Hilfe brauchen. Frauen aber brauchen keine Hilfe, sie wollen sich nur aussprechen. Was also passiert, wenn sie auf ihn trifft? Sie redet, er will helfen, beide sind genervt. Daher sollte Frau sich bei ihrer Freundin aussprechen und Mann mit seinen Freunden feiern. Natürlich können Frauen auch an der Feierei teilhaben, dann aber bitte keine Arbeit ansprechen.

Andere wiederum brauchen nach der Arbeit ein wenig Zeit allein. Daher lohnt es sich für sie, einfach auf dem Nachhauseweg alle nötigen Besorgungen zu machen und dann auf der Couch zu entspannen. Dabei sollte man das Alleinsein aber nicht übertreiben. Jeder Mensch braucht Freunde.

Diverse Freizeitbeschäftigungen helfen beim Entspannen. Als Erstes wäre da Sport. Damit kann man den Körper auspowern und Stresshormone abbauen. Gleichzeitig findet man beim Sport Bestätigung. Ausgehen mit Freunden ist auch immer gut. Das kann in einem Restaurant, in ein Kino oder einen Club sein. Vielleicht nimmt man auch alles an einem Abend in Angriff. Warum nicht?

Wichtig ist jedoch bei allem, dass man die Arbeit nicht in diese Zeit eindringen lässt. Freizeit ist Freizeit. Man kann sich zwar über die

Arbeit aussprechen, sollte dieses Thema aber nicht wieder und wieder durchwälzen. Nach der Aussprache ist Schluss damit und dann beginnt die entspannende Freizeit. Auch hier kann man sich ruhig immer wieder klarmachen, dass man nicht für seine Arbeit in der Freizeit bezahlt wird. Es ist auch kein Versagen, wenn man das nicht schafft, was zu viel verlangt ist. Daher lehne man sich in seiner Freizeit zurück, genieße, entspanne und lade die Batterien wieder auf.

In der Partnerschaft

Resilienz ist auch für die Partnerschaft ein sehr wichtiges Thema. Dabei muss man grundsätzlich zwischen zwei Partnerschaften unterscheiden, denen, die Kraft bringen und denen, die Kraft kosten. Eine Partnerschaft ist eigentlich ein Hort der Ruhe, der Entspannung und des füreinander da sein. Das ist die Idee der Partnerschaft, aber wie es das „eigentlich“ schon andeutet, ist dies nicht immer der Fall.

Im schlimmsten Fall ist die Partnerschaft eine zusätzliche Belastung. Dies geschieht immer dann, wenn der Grundsatz der Liebe in Vergessenheit gerät. Einige werden jetzt verwundert dreinschauen: Grundsatz der Liebe? Über die Liebe wurden schon viele Bücher verfasst und viele Philosophen haben sich dazu ausgelassen. Es ist nicht das Anliegen dieses Buches, die Liebe als solche zu definieren. Für ein Mindestverständnis aber, das für das Verständnis der Resilienz und die Bedeutung einer gesunden Beziehung dafür nötig ist, sei die Liebe hier einmal kurz betrachtet.

Der Einfachheit halber ist auf nur zwei Ideen über das Wesen der Liebe abgestellt. Einerseits wird die Liebe als die Steigerung der Freundschaft bezeichnet. Man hat seine Freunde und möchte mit ihnen Zeit verbringen. Man vertraut ihnen und man hilft sich gegenseitig. All dies ist auch Bestandteil einer Partnerschaft, die ja auf Liebe basiert. Dabei ist das nötige Vertrauen weit höher, denn man teilt jedes Geheimnis miteinander und man teilt auch sein Geld und seine Besitztümer. Das Verlangen, Zeit miteinander zu verbringen, muss ebenfalls viel größer sein, denn schließlich ist der Partner das Erste, was man am Morgen sieht und das Letzte, was man am Abend sieht. Daher muss Liebe als Grundlage einer festen Beziehung eine Steigerung der Freundschaft darstellen.

Die zweite Idee ist sogar noch viel einfacher. Man liebt jemanden. Daher will man dieser Person etwas Gutes tun. Dadurch steht man einander in einer Partnerschaft bei, hilft sich gegenseitig und teilt alles miteinander. Es ist keine ungewollte Pflicht, sondern die von dem Gefühl der Liebe getragene freiwillige Hingabe einer Person zum Partner.

Beide Interpretationen der Liebe klingen doch recht gut, oder? Jetzt aber mal Hand aufs Herz: Wer führt eine solche Beziehung? Existiert eine Beziehung auf dieser Grundlage, dann bringt sie Kraft. Fehlt diese Grundlage, dann ist es ein beständiger Kampf, der Kraft kostet.

Wann kostet eine Beziehung Kraft? Keine Beziehung und kein Partner sind perfekt. Kein Partner ist der Vorgesetzte des anderen Partners. Es geht darum, über Probleme zu reden und Kompromisse zu schließen. Dabei sollten beide nachgeben. Das bedeutet nicht, dass immer beide in jedem Punkt nachgeben. Ein Beispiel hilft: Sagen wir, der Ehemann mag die Berge und die Ehefrau mag das Meer. Nun gibt es eine Diskussion über den nächsten Urlaubsort. Beide geben nach und sie fahren in das Flachland, also keine Berge und kein Meer. Ist das vernünftig? Nein! Ein Jahr fahren sie in die Berge und ein Jahr an das Meer, immer im Wechsel. Das ist eine vernünftige Lösung. Es geht also nicht darum, bei jedem Kompromiss ein Nachgeben von beiden zu erhalten. Einmal kann man durchaus voll dem einen Partner und ein anderes Mal dem anderen Partner folgen.

Wann kostet eine Beziehung Kraft? Das beginnt immer dann, wenn nur ein Partner nachgibt. Dann fängt der andere Partner an, sich schlecht zu fühlen. Daraufhin werden alle Handlungen innerhalb der Ehe eine ungewollte Last, anstatt einem freiwilligen Geben.

Erreicht man einen solchen Punkt, dann sollte man den Dialog suchen. Beide Partner sollten einander verstehen und zum Ausgangspunkt, der Liebe und des Miteinander, zurückkehren. Dabei müssen auch beide ehrlich sein. Es geht nicht darum, dem anderen Schuldgefühle zu suggerieren oder andere Machtspielchen zu spielen. Nur wenn beide ehrlich sind, gibt es eine Möglichkeit, eine Lösung zu finden.

Ist eine Lösung gefunden, dann sollte man dieser auch folgen. Es bringt nichts, wenn man sich auf ein zukünftiges Verhalten einigt und dann diese Einigung vergisst. Dann fängt der gleiche Kampf wieder von vorne an.

Wann also kostet eine Beziehung Kraft? Die Beziehung kostet dann Kraft, wenn zumindest einer der Partner nicht ehrlich ist und sich nicht an Absprachen hält. Ist der Partner nicht ehrlich, dann braucht man ihn auch nichts zu fragen. Egal was die Antwort des Partners ist, man kennt nicht die richtige Antwort, da man nicht wissen kann, ob der Partner wieder gelogen hat. Egal, worauf man sich für die Zukunft einigt, man kann nicht sicher sein, ob der Partner der Einigung folgt. Daher braucht man hier auch kein Gespräch mehr führen. Eine solche Partnerschaft ist eine Belastung und schafft nur unnötigen Stress.

Was aber, wenn beide Partner ehrlich sind und sich an Absprachen halten, die Beziehung aber dennoch Kraft kostet? Wenn beide Partner ehrlich miteinander umgehen und wirklich einander helfen wollen, kann es durchaus vorkommen, dass sie einander nicht verstehen. Das kommt ganz einfach davon, dass Männer und Frauen anders ticken. Dabei geht es aber meist um Detailfragen und nicht um komplette, grundsätzliche Verhaltensmuster, denn schließlich sind beide zu Kompromissen bereit.

Der Hauptstresspunkt in einer solchen, an sich guten Beziehung, ist, dass sie reden und er helfen will. Beide sind sich dieses Problems bewusst, ohne seine genauen Ausmaße zu kennen, empfinden Stress und finden keine Lösung. Dabei ist das ganz einfach. Wenn er nach Hause kommt, will er abschalten. Daher sollte man ihm die ersten 30 Minuten gönnen und nicht gleich mit einem Gespräch bedrängen. Kommt man ihm gleich zu Beginn mit irgendwelchen Dingen, dann wird er gereizt. Kommt man ihm mit den gleichen Dingen nach einer 30-minütigen Pause, ist er locker und hilft.

Kommt sie nach Hause, will sie sich den Stress von der Seele reden. Ihre Idee ist, dass sie redet, er zuhört und sie dann alles vergisst. Dann aber stört er sie, er stellt Fragen und will mehr wissen. Schlimmer noch, er bietet Lösungsvorschläge und sie fühlt sich richtig schlecht. Was ist geschehen?

Ein Mann spricht nicht gern über seinen Stress. Fühlt er Stress, braucht er entweder Ruhe oder er quatscht über belanglose Themen mit seinen Freunden. Er spricht aber nicht die Arbeit an. Spricht er aber wirklich einmal über die Arbeit zu einem Freund, dann weiß dieser, was gerade passiert. Ein Mann kann keine Schwäche zugeben. Daher wird ein Mann auch nicht sagen: „Ich weiß nicht weiter. Ich brauche Hilfe!" Ein Mann muss das auch nicht sagen. Wenn ein Mann mit einem anderen Mann über seine Probleme spricht, dann weiß der andere Mann, dass er Hilfe braucht. Der andere fühlt sich dabei geehrt, denn er wird um Hilfe gebeten und versucht, den bestmöglichen Rat zu geben.

Ein Mann kann nicht verstehen, dass eine Frau nur über ihre Probleme reden will. Er denkt, sie bittet um Hilfe. Hier ist die Lösung einfach. Eine Frau sollte sich nach der Arbeit bei einer Freundin ausweinen. Das gibt ihm auch die 30 Minuten, um von seinem Stress herunterzukommen. Dann können beide zusammen mit Freude den Feierabend genießen.

Wann gibt eine Beziehung Kraft? Das ist immer dann der Fall, wenn man gern zu seinem Partner nach Hause geht. Der Gegenpol zum Stress ist Entspannung. Wenn man seine Zeit gern mit seinem Partner verbringt, dann entspannt das. Natürlich kann man und sollte man auch in der Partnerschaft über Probleme im Beruf sprechen. Dabei muss man aber immer den Unterschied zwischen Frau und Mann bei der Besprechung solcher Probleme bedenken. Vielleicht können aber beide auch hier einen Kompromiss finden. Der kann darin liegen, dass sie seine Ratschläge als Kompliment versteht, denn er will ihr wirklich helfen und kümmert sich um sie. Andererseits kann er auch einfach zuhören und nur dann einen Ratschlag erteilen, wenn sie ihn explizit darum bittet. In einer guten Partnerschaft kann man dies ansprechen und es stellt dann kein Problem mehr da. Ansonsten ist

Stress im Büro auch ein guter Anlass, seinem Partner eine Freude zu machen. Dieser ist dann glücklich und sein Glück lässt den Stress ganz schnell wieder vergessen.

Sport, Yoga und Meditation

Eine Antwort auf Stress, die gern gegeben wird, ist Sport, Yoga oder Meditation. Jede dieser drei Möglichkeiten hat andere Vorteile, aber alle bringen sie die gleichen Auswirkungen. Man kann sich entspannen und die leeren Akkus wieder aufladen. Besonders bieten sich diese Aktivitäten als Trennung zwischen der Arbeit und der Freizeit an. Man legt die Zeit für Sport, Yoga oder Meditation also am besten gleich nach der Arbeit und bevor man sich mit anderen Freizeitaktivitäten befasst.

Sport hat einen elementaren Vorteil, indem es den Körper und den Geist gleichermaßen anspricht. Wer Sport allein treibt, braucht keine Meditation mehr, denn er meditiert praktisch während des Sportes.

Gegen Stress eignen sich am besten die Sportarten, die einen nach draußen bringen und eine längere Verrichtung der gleichen Tätigkeit bedeuten. Für junge Menschen ist dies am besten Joggen, danach kommt das Fahrradfahren und für die älteren der Spaziergang. Andere Ausdauersportarten sind aber auch geeignet, wenn auch nicht unbedingt im gleichen Maße.

Joggen, Fahrradfahren und Spaziergänge bringen dem vom Stress Betroffenen gleich vierfach Erleichterung. Stress über einen langen Zeitraum greift die Gesundheit an. Daher ist es wichtig, eben diese und besonders das Herz-Kreislauf-System zu stärken. Das gelingt mit diesen Sportarten am einfachsten. Als Ausdauersport trainieren sie nicht nur die Muskeln, sondern auch das Herz und den Kreislauf. Gleichzeitig gibt es eine Menge frische Luft, die durch den Körper gepumpt wird und diesen reinigt.

Zweitens belasten diese Sportarten den Körper über einen längeren Zeitraum. Man sollte also mindestens eine halbe Stunde, besser aber eine Stunde ohne Pause, das Training durchhalten. Der Stress hat während des Tages den Körper mit Stresshormonen überschwemmt. Diese bringen den Körper in eine gewisse Spannung. Man wird auf eine Flucht oder einen Kampf vorbereitet. Diese bereitgestellte Kraft ruft man nun ab. Nach dem Abbau der Stresshormone bleibt meist ein Heißhunger zurück. Auch ist man nach einem normalen Training oft hungrig. Hier nun fallen beide Essensverlangen zusammen. Das Training bedient die bereitgestellte Kraft und baut die Stresshormone ab. Man verbraucht Kalorien und kann dem anschließenden Heißhunger nachgeben, der die Reserven wieder auffüllt. Man hat dem Körper also einen natürlichen Abbau der Stresshormone ermöglicht.

Diese drei Ausdauersportarten geschehen normalerweise in der Natur. Auch wenn viele Stadtbewohner es nicht glauben, bringt doch der Anblick von pflanzlichem Grün dem Geist Entspannung. Daher sollte man immer das Training gegen den Stress am besten in einem Wald oder einem Park durchführen. So befördert man die Entspannung auf dem natürlichsten Wege.

Schlussendlich bedeuten die drei Sportarten Bewegung für den Körper. Die Ablenkung für den Geist ist sehr, sehr gering. Daher kann man in dieser Zeit seine Gedanken schweifen lassen. Am besten träumt man vor sich hin. Das allein schon schafft eine gehörige Portion Entspannung.

Yoga bietet ebenfalls eine Reihe von Vorteilen. Leider ist man beim Yoga oftmals nicht in der Natur. Andererseits, wer richtig mutig ist, kann seine Yoga-Übungen auch in den Park verlegen. Davon abgesehen ist Yoga eine sehr einfache und kostengünstige Sportart. Joggen bedarf einer anständigen Kleidung und vor allem mit der Zeit auch hochwertigen Joggingschuhen. Rennräder sind auch nicht billig. Nur das Spazierengehen lässt sich vom Kostenfaktor mit dem Yoga vergleichen. Alles was man für Yoga braucht, ist eine einfach Matte, die am besten rutschfest ist und etwas isoliert. Der Dresscode ist ziemlich frei, solange man es daheim betreibt.

Yoga lässt sich im Grundprinzip auf zwei Arten erleben. Da wären die eher schneller aufeinander folgenden und anstrengenden Übungen auf der einen Seite und auf der anderen Seite die eher langsamen, entspannenden Übungen.

Yoga zu erlernen ist recht simpel. Beim Yoga geht es um das Körpergefühl und das Gleiten des Körpers in die Positionen. Damit reicht schon ein Buch oder ein wenig Internetrecherche, um mit dem Yoga zu beginnen. Wer es gern professioneller mag, kann sich auch in einen Yoga-Kurs einschreiben. Für gestresste Mitmenschen aber, die an ihrer Resilienz arbeiten wollen, kann dies aber mitunter mehr Stress bedeuten. Daher bleibt man zur Entspannung besser in den eigenen vier Wänden.

Will man mit Yoga seinen Stress abbauen und damit seine Akkus für den nächsten Tag aufladen, dann startet man am besten mit den anstrengenden Übungen. Der Körper ist schließlich noch von den

Stresshormonen überschwemmt und dementsprechend angespannt. Die anstrengenden und schnellen Übungen bauen die Stresshormone und die Anspannung ab. Sie geben dem Körper eben die Anstrengung, auf die er sich vorbereitet hat.

Im Anschluss führt man dann die langsamen, entspannenden Übungen durch. Der Geist kann nun anfangen zu wandern, anstatt auf die Positionen des Yoga zu achten. Dabei sollte man den Geist wandern lassen. Schnell wird er vom Stress der Arbeit von ganz allein auf angenehmere Dinge umschwenken.

Meditationen gleichen im Prinzip in ihrer Wirkung dem entspannenden Teil des Yoga. Man beginnt eine Reihe von Übungen, die den Geist als erstes fokussieren. Dabei kann es um die Atmung, um ein Körpergefühl oder einen bestimmten Gedankengang gehen. Die Idee ist, die Gedanken von den Stressfaktoren zu entfernen. Bald werden die Gedanken von ganz allein von der Konzentration auf die Übung ablassen und beginnen, zu wandern. Dabei hat das Unterbewusstsein eine Chance, sich einzubringen. Es wird die Erlebnisse in Gefühle umwandeln und im Gegenzug einen Film im Bewusstsein abspielen. So verarbeitet das Gehirn den Stress und lässt los. Man entspannt also.

Nun haben natürlich Leute unter Stress mit einem gehörigen Satz Probleme zu kämpfen. Die erste Folge ist meist, dass man überhaupt keine Zeit für Sport oder Entspannungsübungen hat. Die zweite Folge ist dann, dass man sich zu schlapp fühlt, um überhaupt noch etwas zu machen. Jede Verrichtung wird dann zu viel und man liegt nur noch auf der Couch. Dabei muss dies aber kein Problem darstellen. Männer haben dies nämlich seit Jahrtausenden perfektioniert. Heute können sie es bewusst anwenden und Frau kann es ebenfalls erlernen.

Was haben die Männer seit Jahrtausenden zur Entspannung getan? Sie kamen von der Jagd, die nicht ungefährlich war und dementsprechend gestresst hat. Was taten sie danach? Sie starrten in das Feuer. Dabei ließen sie ihre Gedanken schweifen. Sie meditierten, ohne es zu wissen oder es zu sagen.

Was tut Mann heute? Nach einem stressigen Arbeitstag sitzt er vor dem Fernseher. Nun, heute gilt es nicht mehr als chic, immer nur in die Glotze zu starren. Das aber bedeutet nur neuen Stress. Wenn das Fernsehen entspannt, warum sollte man es nicht nutzen?

Was geschieht oder was kann geschehen? Mann oder Frau kommt nach der Arbeit nach Hause. Keine Zeit für Yoga? Keine Lust zum Sport? Okay, der Fernseher hilft. Nun sollte man aber nicht am Fernseher kleben. Wie bei einer Meditation lenkt der Fernseher die Gedanken vom Stress auf der Arbeit ab. Dann sollte man die Gedanken frei schweifen lassen. Die Folge ist, dass man vor dem Fernseher meditiert. Man hat Tagträume, die nichts anderes sind, als eine natürliche Entspannungsübung.

Worte, wie Couchpotato, und Ansichten, dass man doch aktiv sein muss, bringen nur neuen Stress. Das Wichtigste für die Gesundheit ist Entspannung. Findet man diese beim Fernsehen, dann sollte man dem folgen. Es wird nur dann ein Problem, wenn der Fernseher das gesamte Sozialleben verdrängt. Soweit sollte man es nicht kommen lassen. Gegen ein wenig Fernsehen zur Entspannung ist jedoch nichts einzuwenden. Ganz im Gegenteil: Entspannung sollte man durch all das bekommen, was einem ganz persönlich hilft. Hier geht es um Eigenbestimmung und nicht um fremdbestimmten Aktionismus. Dieser ist nämlich oft die größte Ursache für Stress.

Resilienz erlernen

Resilienz erscheint denen, die es nicht haben, als etwas Wunderbares, Außergewöhnliches, sehr Spezielles. Dabei ist Resilienz das Gewöhnlichste überhaupt. Es ist die Fähigkeit zu denken. Es ist das Lachen, auch wenn einem nicht danach zumute ist. Es ist die Hoffnung, die niemals stirbt. Es ist das Handeln, auch wenn es schwer wird und es ist die Hilfe, um die man bitten und die man annehmen kann. All dies hatte man vielleicht niemals gehabt. Andere hatten es und haben es verloren. Beide aber können es noch immer oder wieder erlernen.

Sehr oft verlieren die Menschen in Stresssituationen die Fähigkeit, klare Gedanken zu fassen. Auch hier weiß der Volksmund Abhilfe: „Eile mit Weile. Wenn es brennt, soll man sich erst einmal in Ruhe setzen!“ Und diese Volksweisheit stimmt. Wer übereilte Entscheidungen trifft, der trifft oftmals die genau falschen Entscheidungen. Dabei sind es oftmals wir, die uns selbst hetzen.

Resilienz erlernt man, indem man sich erst einmal zurücklehnt und eine Situation durchdenkt. Dazu findet man die richtigen Fragen am Ende des ersten Kapitels. Diese Fragen kann man sich gern auf ein Stück Papier schreiben. Wird man nun mit einer neuen Situation konfrontiert, nimmt man dieses Papier heraus. Das kann daheim, im Büro oder auf der Toilette erfolgen. Man nimmt dieses Papier und geht es Frage für Frage durch. Dabei erhält man einen ganz neuen Blick auf die Situation. Man versteht das Problem und kann es durchdenken.

Man erhält die Fähigkeit zu denken zurück. Man erzwingt diese Zeit einfach von der Situation. Selbst Offiziere in der Schlacht wissen, dass man einfach einen Moment nachdenken muss, bevor man eine Entscheidung fällt. Resiliente Menschen nehmen sich die Zeit. Sie lassen sich einfach nicht unter Druck setzen und durchdenken das Problem und die Optionen, die ihnen zur Verfügung stehen.

Die Fähigkeit zu Lachen ist wichtig und erlernbar. Viele Menschen, die permanent unter Stress stehen, verlieren die Fähigkeit, zu Lachen oder Freude zu empfinden. Sie werden depressiv. Lachen ist jedoch gesund und die beste Medizin für den Körper und den Geist.

Außerhalb einer stressigen Situation sollte man von den Problemen Abstand nehmen. Im Klartext, wer auf der Arbeit Stress hat, sollte diesen nicht in die Freizeit tragen, indem die Probleme immer wieder im Kopf durchgegangen werden. Man kann sie zwar gerne mit jemandem besprechen und natürlich auch durchdenken, doch irgendwann muss ganz einfach damit Schluss sein. Dann ist die Zeit zum Lachen gekommen.

Wie aber erreicht man das Lachen, wenn einem so schlecht zumute ist? Comedy-Shows im Fernsehen sind zwar eine Option, aber nicht unbedingt die beste Wahl. Sie bringen einen zum Lachen, verbergen dabei aber oft Aggressionen. Dabei geht es aber um Freude und nicht Aggressivität. Daher sind sie nicht die erste Wahl.

Ein guter, lustiger Film, vor allem wenn er nicht so neu und noch liebevoll gemacht ist, ist eine gute Antwort. Es sollte aber nicht immer der neues Hollywood-Film sein, denn diese stecken auch oft voller versteckter Aggressionen. Ältere Filme haben ihren eigenen

Charme und sind gut geeignet. Aber auch sie sind nicht die beste Option.

Die beste Option ist die natürlichste Option. Was will man von Natur aus? Gesellschaft, Freunde und geliebte Personen um einen herum. Man sollte mit Freunden ausgehen. Wer schon depressiv ist, wird dies wahrscheinlich als Belastung empfinden. Man muss sich aber einfach mal überwinden und schon bald entdeckt man die Freude mit den Freunden. Und wer keine Freunde hat? Nun, es gibt immer freundliche Menschen. Wer sich ein wenig umsieht, kann auch Freunde finden.

Das Lachen in einer stressigen Situation ist dagegen nicht immer so leicht. Wenn man im Büro, in einem Meeting oder bei einer anderen Gelegenheit unter Stress steht, vergeht einem das Lachen sehr bald. Dabei ist aber auch in dieser Situation das Lachen oder zumindest das Lächeln eine große Hilfe. Zum einen lässt es den Körper und Geist ein wenig entspannen und zum anderen hilft es, Zugang zu anderen Menschen zu finden. Letzteres erleichtert einen Dialog über zum Beispiel zu schwierige Aufgaben oder eine bessere Organisation der Abläufe.

Wie aber lächelt man, wenn einem nicht zum Lächeln zumute ist? Jeder kennt die Körpersprache. Viele versuchen, ihre Emotionen und ihre Körpersprache zu verstecken. Oftmals gelingt es nicht so wirklich. Schauen wir einfach auf zwei extreme Gegensätze. Verschränkt jemand die Arme, dann signalisiert das offene Ablehnung. Lächelt jemand, dann signalisiert er warme Zustimmung. Das kann man jeden Tag bei der Arbeit beobachten.

Was viele nicht wissen ist, dass Körpersprache auch umgekehrt funktioniert. Jeder weiß, dass es die Emotionen sind, die sich in der Körpersprache widerspiegeln. Dabei kann die Körpersprache aber auch Emotionen bringen. Wer will, kann das ganz einfach ausprobieren. Man sucht sich eine lustige Situation und verschränkt dabei angespannt die Arme. Wird man nun lachen? Die meisten wohl nicht. Man nimmt eine angespannte Situation und man spielt ein Lächeln. Fühlt man sich schon ein wenig entspannter? Für die meisten lautet die Antwort ganz einfach: Ja.

Ein Lächeln entspannt. Dabei ist es nicht wichtig, ob das Lächeln wirklich von der eigenen Emotion ausgelöst wird oder man es nur spielt und es dann die Emotionen mit sich bringt. Wer aber durch den Tag geht und sich auch bei Stress zu einem Lächeln aufrafft, der ist entspannter, wirkt entspannter und wirkt unangreifbar. Damit wird man viel seltener mit ungeliebten Aufgaben bedacht und man wird diese Aufgaben auch nicht als so belastend empfinden. Der Stress schwindet also von ganz allein.

Wer depressiv ist, der hat keine Hoffnung. Wer keine Hoffnung hat, ist depressiv. Dies ist ein Teufelskreis. Viele sagen, es ist schwer, diesem wieder zu entkommen, dabei ist es in Wirklichkeit sehr einfach. Depression und Hoffnungslosigkeit sind wie Stress einfach nur eine Wahrnehmung der Umstände. Wer sich in seinem Leben umsieht und dabei nur auf die schlechten Dinge schaut, der verliert alle Hoffnung. Egal, was man tut, es wird immer schlecht sein. Das ist auch wahr. Egal, was man tut, es wird immer etwas Negatives geben. Warum aber werden die einen depressiv und die anderen nicht? Die depressiven Menschen schauen nur auf das Negative, die Anderen nehmen das Negative hin und schauen auf das Positive. Die Kunst ist, die Hoffnung nicht einfach wegzuschmeißen. Niemand verliert die Hoffnung. Verlieren ist ein Prozess, der ungewollt geschieht. Die Menschen, die keine Hoffnung haben, schmeißen sie jedoch weg. Sie verlieren sie nicht. Sie wollen nur auf das Negative schauen. Das Positive ist jedoch immer da. Es sind die netten Kollegen, auf die man schauen sollten, nicht die nervigen. Es ist der Feierabend, der einem Spaß machen sollte. Es ist die Unternehmung mit Freunden am Wochenende. Wer Hoffnung will, kann sie überall finden. Dazu bedarf es nur ein paar Freunden, ein wenig Aktivität und eines offenen Auges, mit dem man durchs Leben geht.

Resiliente und nichtresiliente Menschen unterscheiden sich auch im Handeln. Resiliente Menschen handeln nicht, wo sie nichts verändern können. Sie konzentrieren sich auf die Bereiche, in denen etwas machbar ist. Nichtresiliente Menschen wehren sich gegen neue Aufgaben, weil sie sie nicht wollen. Dabei wird der Chef immer gewinnen. Okay, wenn eine Aufgabe wirklich zu viel ist, weil zum Beispiel der Aufwand der Arbeit zu groß ist oder das Feld nicht im eigenen Aufgabenbereich liegt, kann man das dem Chef sachlich vortragen. Alles andere aber ist ein Kampf gegen Windmühlen. Man verschwendet Energie auf etwas, dass sich nicht ändern lässt. Es ist dieses Hadern mit dem Schicksal, dass den meisten Stress bringt. Man sollte aber stattdessen die Aufgabe angehen. Dann behält man seine Handlungsfähigkeit und findet die richtigen Lösungen.

Wichtig ist auch die Fähigkeit, um Hilfe zu bitten und Hilfe auch anzunehmen. Viele sehen aber im Bitten um Hilfe ein Eingestehen der eigenen Schwäche und in einem Hilfsangebot den Vorwurf, man sei der Aufgabe nicht gewachsen. Beides könnte jedoch falscher nicht sein.

Die Bitte um Hilfe ist ein Vorgang, den jede Führungskraft erlernt und beherzigt hat. Wer seine Arbeit managt, der erkennt auch seine Grenzen. Das Management schließt dann auch andere Personen ein, die man um Hilfe bittet. Dieses Vorgehen wird von einem Arbeitnehmer erwartet. Für einen Manager ist ein Arbeitnehmer, der Hilfe braucht, aber nichts sagt, unfähig und seine Überforderung damit sein eigener Fehler. Daher ist es richtig, um Hilfe zu bitten. Man zeigt damit ein Verständnis für die Aufgabe. Man zeigt seine Einsatzbereitschaft und seinen Überblick über die gesamte Situation. Damit ist man auch ein Kandidat für eine Beförderung.

Auf der anderen Seite steht das Angebot von Hilfe. Viele sehen darin nur den Vorwurf der Unzulänglichkeit. Aber mal ehrlich: Würden Sie jemandem Hilfe anbieten, den Sie für unzulänglich halten? In Wahrheit steckt hinter einem Hilfsangebot Wertschätzung und Fürsorge. Der Anbietende schätzt denjenigen, dem er die Hilfe anbietet und sorgt sich um ihn oder sie. Darum bietet er schließlich die Hilfe an. Es ist also das genaue Gegenteil eines Vorwurfes. Lehnt man die Hilfe ab, ist man oft nur unhöflich. Damit steht man am Arbeitsplatz und bei Freunden schlecht da. Der Chef sieht es nicht gern, wenn jemand eine Arbeit annimmt, Hilfe ablehnt und sie dann nicht bearbeitet. Freunde sehen es nicht gern, dass ihnen jemand die kalte Schulter zeigt, um den sie sich sorgen. Daher sollte man Hilfe gern annehmen und ein wenig Dankbarkeit zeigen. Das fördert die Karriere und das soziale Miteinander.

Nicht aufgeben!

Was uns nicht umbringt, macht uns stärker! Dieser Spruch wird oftmals vergessen, falsch verstanden und deswegen außer Acht gelassen oder ganz einfach falsch angewendet. Wer aufgibt, hat schon verloren. Diese Weisheit ist ebenso alt, wie sie richtig ist. Zu solchen Lebensweisheiten gibt es zwar oft genug Gegenbeispiele, diese sind aber meist die Folge einer falschen Interpretation.

Fangen wir von vorne an. Jeder Mensch lebt sein Leben. Wer aufgibt, hat schon verloren, sollte in diesem Kontext gesehen werden. Es geht nicht darum, einer unerfüllbaren Anforderung gerecht zu werden. Sieht man sich mit einer Herausforderung konfrontiert, die man nicht erfüllen kann, gibt man dann auf, wenn man dies dem Chef meldet? Nein, wohl eher nicht. Man findet nur einen neuen Lösungsweg.

Aufgeben bezeichnet das Nicht-Weiter-Machen immer dann, wenn man noch eine Chance dazu hat. Wer aber zum Beispiel aufgrund widrigster Umstände sein Geschäft schließen muss, gibt nicht auf, solange er einen anderen Weg zum Erfolg sucht. Das ist eine Entwicklung.

Im gleichen Kontext muss man die andere Volksweisheit sehen: Was uns nicht umbringt, macht uns stärker. Okay, eine Depression mag da aus dem Rahmen fallen, aber auch das ist eine Fehlinterpretation. Jeder Mensch erleidet Rückschläge. Das Wichtigste ist, daraus zu lernen. Das gilt auch für die Depression. Selbst aus dieser kann man lernen.

Wichtig ist also, nicht aufzugeben. Auch ein unüberwindbares Hindernis kann man irgendwie meistern. Vielleicht braucht man Hilfe dazu oder muss sogar die Aufgabe ändern. Das ist aber kein Aufgeben.

Was ist das echte Aufgeben heute? Das sind all die, die es nicht mehr versuchen. Das sind die, die sich zu Hause vergraben und vielleicht auch noch trinken. Aber auch diese Menschen brauchen oft nur einen kleinen Anstoß, jemanden der ihnen unter die Arme greift, und sie kämpfen wieder weiter.

Der Erfolg ist nicht das Ergebnis einer großen, einzelnen Handlung. Er kommt von einem beständigen Kampf gegen kleine, widrige Umstände. Ist man sich dessen bewusst, dann versteht man auch die Volksweisheiten.

Wann immer man sich einer Herausforderung gegenübersieht, lernt man. Auch wenn man zum Chef geht und um Hilfe bittet. Auch dann lernt man. Dann lernt man, dass es kein Problem ist, darum zu bitten. Dann lernt man, wo die eigenen Grenzen wirklich liegen. Dann lernt man aber auch von der Hilfe, wie es vielleicht besser geht. Dies alles ist eine Entwicklung und, da sich alles und jeder entwickelt, völlig natürlich.

Daher sollte niemand aufgeben. Sei es in der Partnerschaft, im Büro oder bei einer anderen Gelegenheit. Selbst das Wechseln des Berufes oder des Partners ist kein Aufgeben. Man entwickelt sich einfach von dem weg, das einem geschadet hat und zu dem hin, was einem Freude bringt.

Wenn man sich dermaßen entwickelt, ist es auch wichtig, immer wieder Bilanz zu ziehen. Man muss überprüfen, welches Problem zu welchem Schritt geführt hat und welcher Schritt, welches Ergebnis brachte. Dann erfüllt man wirklich den Spruch: Was uns nicht umbringt, macht uns stärker. Die gewonnene Stärke liegt in der gewonnen Reife und den gemachten Erfahrungen. Diese hat man teils schmerzlich erworben, daher ist es sehr wichtig, sich selbst zu überprüfen und sie nicht zu vergessen.

Man sollte schauen, was sich verändert hat. Das gilt sowohl für einen selbst, seine Gefühle und seinen Charakter, als auch für das Leben um uns herum. Dann sollte man schauen, wie man sich dabei fühlt. Vermisst man das alte Leben, fühlt man sich jetzt besser? Was genau vermisst man? Was genau macht einem jetzt mehr Spaß?

Depressionen kommen oftmals, wenn solche einfachen Grundsätze vergessen werden. Der Wechsel des Berufs wird als Versagen angesehen. Alles um einen herum ist noch schlecht. Anstatt nach Lösungen zu suchen, hadert man mit seinem Schicksal.

Hier hilft eine einfache Analyse. Was hat mir früher Spaß gemacht? Das wiederholt man nun einfach. Was macht anderen Spaß? Es ist keine Schande, die Freuden der anderen zu kopieren. Hat man diese Aktivitäten erlebt oder erneut erlebt, dann schaut man sich selbst an. Was hat einem Spaß gemacht. Was genau hat die Freude verursacht. So findet man wieder Punkte im eigenen Leben, die den Stress abbauen und das Leben lebenswert machen.

Das Gleiche kann man auch für die negativen Dinge im Leben tun. Was kostet Kraft? Was bringt Stress? Was muss ich vermeiden? Wer dann zum Beispiel feststellt, dass der Job ihm Kraft kostet und ihn dann wechselt, der hat nicht aufgegeben. Er wurde stattdessen stärker, denn im neuen Job gibt es mehr Freude. Er hat sich entwickelt. Das Wissen, dass man dies kann, das Wissen, was man braucht, das erlaubt es, die richtigen Schritte zu unternehmen.

Es stimmt also wirklich, man sollte nie aufgeben und was uns nicht umbringt, macht uns stärker. Man muss diese Weisheiten nur richtig anwenden, dann kann man auch wieder zu einem freudigen Leben zurückkehren und sich des Stresses erwehren, anstatt davon erdrückt zu werden.

Im Leben

Stress ist nur eine Wahrnehmung. Wenn man sich dessen bewusst wird, dann wird der Stress angreifbar. Man kann sich an ihn herantasten, indem man die stressige Situation analysiert. Das verändert die Wahrnehmung der Situation und es kostet Zeit, was wiederum die Wahrnehmung der Situation verändert. Nun aber können die Leute sagen, dass sie diese Zeit zur Analyse der Situation nicht haben. Andere werden sagen, sie können sich diese Zeit einfach nehmen. Die Wahrheit ist jedoch einfacher.

Wer eine Situation analysiert, erkennt das Problem. Wer das Problem richtig kennt, kann auch die richtigen Maßnahmen ergreifen. Wer die falschen Maßnahmen ergreift, verbraucht Zeit und Aufwand. Maßnahmen aber dauern länger als Nachdenken. Daher ist die Frage besser: Hat man wirklich die Zeit, nicht nachzudenken, nicht das Problem zu analysieren und nicht zur den richtigen Lösungsansätzen zu gelangen.

Das Nachdenken kommt vor den Maßnahmen und ist ein Bestandteil der Lösung. Man verschwendet keine Zeit, indem man die Situation analysiert, denn damit beginnt das Nachdenken. Man arbeitet mit der Analyse also an der Lösung des Problems.

Man kann es auch von einem anderen Standpunkt betrachten. Wer die Situation nicht analysiert und nicht alles durchdenkt, der wird von ihr beherrscht. Er fühlt sich ausgeliefert und machtlos. Wer die Situation analysiert, das Problem erkennt und handelt, der ist Herr der Lage. Man ist damit nicht ausgeliefert und empfindet das Problem nicht als ausweglos. Man empfindet es als Herausforderung nicht als Stress.

Die Lösung beginnt also mit der Analyse des Problems. Die Fragen dazu befinden sich am Ende des ersten Kapitels. Diese Fragen gestatten es auch, dem Problem mit Logik zu begegnen und nicht mit Emotionen. Während Emotionen normalerweise eine gute Sache sind, vor allem in der Liebe, stehen sie doch manchmal bei der Bewältigung von Problem0e1n etwas im Wege. Das ist aber kein Beinbruch. Alles was man braucht, ist etwas zeitlicher Abstand, wobei die Analyse auch hilft, denn sie braucht etwas Zeit.

Die Resilienz als persönliche Eigenschaft beginnt schon im Kindesalter. Daher ist es wichtig, seinen Kindern ein Vorbild zu sein. Wer also etwas Schwierigkeiten hat, bei einem neuen Problem ruhig zu bleiben, sollte sich einfach immer vorsagen, dass man dies für seine Kinder tut. Diese können dann dem eigenen Beispiel folgen.

Es geht sogar noch einfacher. Wer sich einem Problem ausgeliefert fühlt und in seinem Büro sitzt, also niemanden ansprechen kann, sollte die Augen schließen. Dann stellt man sich seine eigenen Kinder oder jemand anderes in seinem Leben vor und erklärt diesem geduldig das vorliegende Problem. Dabei sollte man sich auch selbst Fragen stellen und auch erklären, warum man diese Situation als Stress empfindet. Auch sollte man nicht vergessen zu erklären, warum man sich dem ausgeliefert fühlt. Sehr schnell wird man auf diese Weise das Problem in seiner gesamten Tragweite erfassen. Dabei fallen einem dann bestimmt auch Lösungen ein.

Im Berufsleben vor allem gilt auch, dass man sich nicht gegen alles wehrt, was neu ist. Die Firma ist in einem stetigen Konkurrenzkampf und muss sich dementsprechend anpassen. Neurungen sind dabei unausweichlich. Hier dagegen anzukämpfen, schafft nur unnützen Stress. Sollte aber der Chef zu viel erwarten, dann muss man auch fair sein und ihn darauf hinweisen. Gute Chefs werden dann das Gespräch suchen und eine Lösung zusammen mit einem finden. Schlechte Chefs, nun, jeder muss entscheiden, wie viel Stress er bereit ist, zu ertragen.

Gerade im Beruf ist es jedoch wichtig, dass man seine Grenzen zieht. Das gilt für die Pausenzeiten ebenso wie für die Aufgaben, mit denen man belastet werden soll. Man muss nicht immer der Freiwillige sein Man muss ganz einfach auch mal Nein sagen. Das gilt auch und vor allem dann, wenn es um unbezahlte Mehrarbeit geht, die einige Arbeitgeber immer noch von ihren Arbeitnehmern erwarten. Die Pausenzeiten, der Feierabend und die Wochenenden sind jedoch nötig, um die immer größeren Anforderungen des Berufes auszugleichen. Dies ist eine Sache der Gesundheit, denn ständiger Stress löst Krankheiten aus. Dies ist eine Sache der Fairness. Der Chef, der immer mehr Leistung erwartet, muss auch im Gegenzug die Freizeit gewähren. Das ist eine Sache der Bezahlung. Man wird eben nur für die Arbeitszeit bezahlt. Selbst wenn es dabei womöglich sogar bezahlte Überstunden sind, muss man denen nicht immer zustimmen. Wozu sind denn Arbeitsverträge da?

Wichtig ist auch, die Freizeit nicht dem Stress zu opfern. Die Freizeit ist der Gegenpol des Stresses, sie lädt die Akkus wieder auf. Sie ist das eigentliche Leben. Man lebt schließlich so, wie man will, nur in der Freizeit. Natürlich leben auch einige für den Beruf, aber das ist nicht jedermanns Sache.

In der Freizeit darf man auch ruhig unerreichbar sein. Das Handy wird ausgeschaltet und die E-Mails bleiben ungecheckt. Nur so kann man sich wirklich entspannen. Wer in seiner Freizeit aber ständig von Anrufen oder E-Mails des Chefs belästigt wird, kann nicht abschalten.

Die Partnerschaft ist für Resilienz oftmals ein Problem, weil sie Stress schafft, anstatt ihn abzubauen. Wichtig ist auch hier eine gute Kommunikation und Problemanalyse. Wer sich mit seinem Partner austauscht und wo Ehrlichkeit und gegenseitige Unterstützung vorherrschen, dort lässt sich immer eine Lösung finden. Man muss nur den Mut haben, sie anzusprechen.

Wer nun in der Kindheit nicht so sehr mit Resilienz beglückt wurde, kann aber auch noch im fortgeschrittenen Alter diese antrainieren. Hier gilt, dass Stress nur eine Wahrnehmung ist und dass man jedes Problem irgendwie lösen kann. Die Lösung beginnt mit dem Verständnis des Problems, einem Dialog mit anderen, wo nötig und dann mit der Anwendung der gefundenen Lösungsmittel. Das ist manchmal nur zu einfach.

Wichtig ist beim Erlernen der Resilienz, dass man nie das Lachen vergisst. Jeder Mensch braucht Spaß am Leben. Man sollte den Stress nicht siegen lassen und sich ihm ausliefern. Man drängt ihn zurück und unternimmt etwas, dass einem Freude bringt. Man erobert sich sein Leben zurück.

Wer nicht aufgibt, der sieht auch den Stress als ein simples

Problem, dass man lösen kann. Wenn einem die Arbeit vor unlösbare Probleme stellt, dann spricht man mit dem Chef. Wenn der sich querstellt, dann hat er auch im Zweifel einen Chef, mit dem man reden kann. Wenn alles reden nichts nützt, dann wechselt man den Job. Das ist kein Versagen, denn man meistert sein Leben. Das eigene Leben aber bestimmt man nur allein, es ist nicht die Arbeit, es ist nicht der Partner, es sind nicht die Freunde, es ist nur das, was man will. Daher ist es kein Versagen, wenn man von einem schlechten Job zu einem guten Job wechselt. Es ist kein Versagen, wenn man eine belastende Beziehung beendet und eine andere beginnt. Es ist kein Versagen, wenn man schlechte Freunde hinter sich lässt und bessere Freunde sucht. Dies alles ist eine Entwicklung. Es ist aber sehr wohl ein Versagen, wenn man den schlechten Job, den schlechten Partner oder dem schlechten Freund die Kontrolle über sich gibt. Das geschieht immer dann, wenn man in solchen negativen Situationen verharrt, anstatt sich zu entwickeln.

Wer keinen Stress will, wer resilient sein möchte, wird es, wann immer er sein Leben in die eigene Hand nimmt. Probleme werden erst analysiert und dann gelöst. Das gilt für jede Situation, die ein Problem darstellt und keine Freude bereitet.

27583717R00043

Printed in Poland
by Amazon Fulfillment
Poland Sp. z o.o., Wrocław